Sara Dörwald

KONZENTRIERT LERNEN MIT ADHS

MEINE BESTEN TIPPS FÜR SCHULE & STUDIUM

studienscheiss

Die Deutsche Nationalbibliothek verzeichnet diese Publikation in der Deutschen Nationalbibliografie; detaillierte bibliografische Daten sind im Internet über www.dnb.de abrufbar.

Konzentriert lernen mit ADHS: Meine besten Tipps für Schule und Studium von Sara Dörwald

Studienscheiss GmbH
Oppenhoffallee 143, 52066 Aachen
kontakt@studienscheiss.de
Geschäftsführer: Dr. Tim Reichel, M.Sc.
Registergericht: Amtsgericht Aachen
Registernummer: HRB 19105
USt-IdNr.: DE295455486

4. Auflage, Dezember 2024

ISBN: 978-3-946943-61-7 Print (Softcover)
ISBN: 978-3-946943-62-4 E-Book (PDF)
ISBN: 978-3-946943-63-1 E-Book (EPUB)
ISBN: 978-3-946943-64-8 E-Book (MOBI)
ISBN: 978-3-98597-034-6 E-Book (Hörbuch)

Lektorat: Claudia Henning, Köln
Umschlaggestaltung: Melanie Schwarz, Aachen
Korrektorat und Redaktion: Tim Reichel, Aachen
Satz:und Layout: Petra Dörwald, Steinhagen
Foto: Sara Dörwald, Steinhagen
Herstellung: CPI, Ulm
Printed in Germany

www.studienscheiss.de

Inhalt

„Ich habe mich durch mein ADHS nicht davon abhalten lassen,
meine Ziele zu erreichen – und das solltest du auch nicht.“

Howie Mandel

VORWORT

Tipps von einer, die es wissen muss

Liebe Leserin, lieber Leser,

das vor dir liegende Buch hätte ich gerne selbst geschrieben – aber ich konnte nicht. Nicht etwa, weil mir die Zeit oder das Knowhow fehlte. Bis zum heutigen Tag habe ich neben meiner Doktorarbeit 20 weitere Bücher geschrieben; darunter den *Bachelor of Time*, das *Arschtritt-Buch* und *24/7-Zeitmanagement*. Ich bin Bestseller-Autor, Verleger und Wissenschaftler. Auf meinem Blog *studienscheiss.de* habe ich zudem über 400 Artikel veröffentlicht. Ich kann dir also stundenlang etwas über Lernmethoden, Produktivitätstechniken und Zeitmanagementtricks erzählen. Doch an das Thema „ADHS“ traue ich mich nicht heran. Weißt du auch warum? Weil ich keine Ahnung habe, wie es ist, mit ADHS zu leben. Ich würde es mir daher niemals anmaßen, dir irgendwelche Tipps zu geben, weil ich nicht sicherstellen kann, dass diese funktionieren.

Dennoch gibt es hunderte Bücher zum Thema „Lernen mit ADHS“. Einige davon sind in Ordnung. Doch die meisten sind das Papier nicht wert, auf dem sie gedruckt sind. Diese Werke stammen von selbsternannten Experten, sogenannten „Coaches“, die meist nichts anderes als windige Internetbetrüger sind und irgendwelche Texte von Wikipedia zusammenkopieren. Dann gibt es noch die Psychologinnen und Pädagogen, die außer neunmalklugem Akademiker-Gelaber nichts zustande bringen und zudem von der Praxis nicht den blassesten Schimmer haben. Sie können zwar ein Diplom vorweisen und kennen ein paar kluge Fachwörter – aber wissen diese Leute, wie die täglichen Probleme eines Schülers oder einer Studentin aussehen? Kennen sie den Kampf beim Lernen, die zermürbende Suche nach Konzentration und die aufkommenden Selbstzweifel nach einer schlechten Note? Nein, kennen sie nicht. Sie alle haben keine Ahnung von der harten Realität. Und: Sie haben sich der Herausforderung „Lernen mit ADHS“ nicht selbst gestellt. Sara Dörwald – die Autorin dieses Buches – schon.

Sara hat ADHS. Außerdem hat sie Abitur, eine abgeschlossene Ausbildung, Auslandserfahrung, einen Studienabschluss, einen festen Job und ein erfülltes Privatleben. Achja: Und nebenbei hat sie dieses Buch geschrieben. Seit sechs Jahren arbeite ich mit Sara zusammen. Sara schreibt Artikel für meinen Blog und korrigiert meine Texte. Hätte sie mir nicht erzählt, dass ihr eine ADHS diagnostiziert wurde – ich hätte es nicht gemerkt, denn Sara hat verschiedene Wege gefunden, wie sie geschickt mit ihrer ADHS umgehen kann.

Sie organisiert, strukturiert und motiviert sich selbst. Jeden Tag aufs Neue. Dabei wirkt sie nicht gestresst oder abgehetzt – sondern glücklich. Darüber hinaus steht Sara in ständigem Austausch mit anderen ADHSlern. Ihr sind die verschiedensten ADHS-Varianten bekannt und sie kennt die damit verbundenen Herausforderungen. Sie weiß also genau, wovon sie schreibt. Wenn Sara dir eine Lernmethode vorstellt, dann hat sie diese selbst ausprobiert und als nützlich eingestuft. Du kannst dir bei ihren Tipps sicher sein, dass sie funktionieren.

Diese Kombination aus einem breit gefächerten Praxiswissen und persönlicher Erfahrung findest du in diesem Buch wieder. Genau das macht die folgenden Seiten so wertvoll für dich. Du bekommst keine langweilige Theorie, nein, Sara erklärt dir erfrischend direkt, worauf es beim Lernen mit ADHS ankommt. Sie nimmt dich an die Hand und zeigt dir Schritt für Schritt, wie du mit deiner ADHS konzentriert lernen kannst. Dieses Buch ist deine persönliche Schatzkarte, die dir zeigt, wie du dein inneres Potenzial freilegen kannst. Auf dem Weg dorthin wünsche ich dir den größtmöglichen Erfolg!

Dein

Tim Reichel

Tipps und Tricks für dein Studium:

www.studienscheiss.de

START

Lernen mit ADHS: Wie soll das gehen?

Du sitzt am Schreibtisch und grübelst seit einer Stunde vor dich hin. Mit deiner To-do-Liste hast du noch nicht begonnen und obwohl du dich eigentlich auf die Prüfungsphase in einem Monat vorbereiten müsstest, findest du keinen Anfang. Du bist mit deinen Gedanken überall, nur nicht bei der Sache. Wenn jetzt noch Zappeligkeit, Frustration und akute Unlust hinzukommen, hast du das Rezept für einen äußerst unproduktiven Lerntag. Lass mich dir sagen: Du bist nicht allein.

ADHS – Aufmerksamkeitsdefizit-Hyperaktivitätsstörung. Von diesem Syndrom sind in Deutschland circa fünf Prozent der Kinder und Jugendlichen betroffen. Etwa 60 Prozent von ihnen nehmen es mit ins Erwachsenenalter.[1] Bei manchen wird es auch erst festgestellt, wenn sie schon erwachsen sind – sie quälen sich durch eine Kombination von Depressionen, Selbstzweifeln, Antriebsstörungen und Frustration. Doch ADHS hat nicht nur schlechte Seiten. Wir ADHSler denken unkonventionell und sind Erfinder. Wir sind hartnäckig und brennen für Dinge, die uns interessieren; in solchen Fällen können wir uns auch stundenlang konzentrieren. Begeisterungsfähigkeit, Spontaneität und Ideenreichtum sind nur einige der positiven Eigenschaften, die viele von uns haben. Dennoch ist ADHS ein großes Hindernis für konzentriertes Lernen, denn eines der Hauptsymptome ist Ablenkbarkeit – und eben ein Aufmerksamkeitsdefizit. Auch neurotypische (also „normale“) Menschen haben einige dieser Probleme – aber nicht permanent und nicht über Jahre oder gar Jahrzehnte hinweg. Sie vergessen manchmal etwas, sind gelegentlich unpünktlich oder auch mal schusselig. Aber eben nur ab und zu. Nicht immer.

Mein ADHS wurde diagnostiziert, als ich 27 Jahre alt war. Meine Mutter vermutete schon früher, nämlich in der Grundschulzeit, dass ich ADHS haben könnte, die Gewissheit hatte ich dann allerdings erst zwei Jahrzehnte später. Im Nachhinein kommt es mir vor, als sei ich durch die Schulzeit gestolpert – mehr schlecht als recht. Aber ich schaffte immerhin ein passables Abitur. Umso glücklicher war ich, als ich meine Ausbildung zur Fremdsprachenkorrespondentin mit teils sehr guten Noten abschließen konnte. Zwei Arbeitsstellen und zwei Kündigungen später begann ich erneut an mir zu zweifeln. Irgendwas musste falsch sein. Andere schafften das doch auch!

Ich begann ein Studium, das ich nach fünf Semestern abbrach, und startete dann mein zweites Studium – soziale Arbeit. In dieser Studienzeit bekam ich die Diagnose ADHS und seitdem weiß ich, dass ich nicht falsch oder etwas daneben bin, sondern dass mein Gehirn anders funktioniert. Das hat mir das Leben sehr erleichtert.

Selbstverständlich darf ADHS keine Ausrede sein, weder für geringe Disziplin beim Lernen noch permanente Unpünktlichkeit oder schlechte Noten. Aber es ist eine Begründung, und eine medizinisch feststellbare noch dazu. Nach meinen Erfahrungen habe ich eine gute Nachricht für dich: Du kannst auch mit ADHS konzentriert lernen und erfolgreich in der Schule und im Studium sein. Wir werden nie „normal" sein. Wir werden immer anders sein. Das ist okay so. Aber wir können lernen, clever damit umzugehen und das Beste aus dieser Ressource zu machen. Zappeligkeit, Ablenkung und Gefühlsausbrüche können kontrolliert und in produktive Bahnen gelenkt werden. Ganz ohne Druck, nur mit ein paar einfachen Ansätzen. Welche das sind und wie ich es geschafft habe, zeige ich dir in diesem Buch.

Alles eine Frage der Technik

Nochmal, weil es so wichtig ist: Konzentriertes Lernen ist auch mit ADHS möglich. Ich selbst bin der Beweis dafür – und ich möchte dir zeigen, wie auch du es schaffen kannst. Es kommt dabei weder auf Talent noch auf eine andere natürliche Begabung an. Es ist vielmehr eine Frage der Technik. Denn mit den richtigen Strategien und Methoden kannst du mit deiner ADHS gut Seite an Seite arbeiten. Die Schlüssel zum Erfolg sind Organisation, Selbstdisziplin und Zeitmanagement. Das klingt zunächst langweilig, doch richtig angewandt ist es das nicht.

Es gibt unzählige Bücher, die dir Techniken vorstellen und aufzeigen, wie du was zu erledigen hast. Ich habe allerdings noch keines gefunden, welches mir umfassend geholfen hat. Meist sind diese Bücher sehr theoretisch. Darin steht sehr viel über das Unterbewusstsein und über Ursache-Wirkungs-Zusammenhänge, aber wenig oder gar nichts über die Anwendung in der Praxis. Oder es werden detaillierte Techniken beschrieben, die an sich hilfreich sein könnten – wenn es nicht so viele wären! Zehn verschiedene Ideen, wie du Ziele formulierst, helfen dir nicht weiter, wenn du Schwierigkeiten hast, Entscheidungen zu treffen. Für uns ADHSler ist das keine Hilfestellung, sondern Überforderung.

Ich selbst habe seit meinem dreizehnten Lebensjahr etliche Bücher auf Deutsch und Englisch zu diesem Thema gelesen und durchgearbeitet. Es hat lange gedauert, bis ich wusste, was mir wirklich hilft – und was nicht. Diesen Weg möchte ich dir ersparen. Aus diesem Grund habe ich dieses Buch geschrieben. Darin werde ich 50 Techniken schildern, die mir im Alltag geholfen haben und immer noch helfen. Diese Methoden unterstützen mich dabei, mich selbst, meine Zeit und meine Arbeitsmaterialien zu managen.

Dank dieser Konzepte bin ich mich mittlerweile in der Lage, mich viel besser und länger zu konzentrieren, als dies früher der Fall war – und das über Stunden hinweg. Natürlich funkt meine ADHS immer noch ständig dazwischen und versucht, mich abzulenken. Ich habe diese Störungen inzwischen nur viel besser im Griff und so können sie mich nicht mehr so einfach beeinflussen.

Auf den folgenden Seiten werde ich dir aufeinander abgestimmte Methoden zeigen, die einfach in der Umsetzung und nachhaltig in ihrer Wirkung sind. Sie sind ADHS-erprobt und funktionieren erwiesenermaßen. Zusätzlich zeige ich dir anhand von Beispielen, wie du die Techniken umsetzen kannst. Dabei geht es schwerpunktmäßig ums Lernen in Schule und Studium – das heißt jedoch nicht, dass die Techniken nicht auch auf andere Lebensbereiche anwendbar wären. Lass mich dir erklären, wie du das Optimum aus diesem Buch herausholen kannst.

Wie dir dieses Buch helfen wird

Nachdem du dieses Buch gelesen hast, wirst du genau wissen, wie du mit deiner ADHS erfolgreich lernen kannst. Du wirst deine Zeit klug einteilen, deine Unterlagen geschickt managen und dich selbst besser motivieren können. Da du für dieses Buch Zeit und Energie aufbringst, solltest du auch so viel wie möglich daraus mitnehmen können. Dafür musst du jedoch aktiv werden. Wenn du dieses Buch nur liest und anschließend gemütlich die Hände in den Schoß legst, wird nicht viel passieren. Gar nichts, um genau zu sein. Die Tipps aus diesem Buch funktionieren nur, wenn du selbst aktiv wirst. Du musst handeln und das Gelesene in die Tat umsetzen.

ADHS ist nämlich ein schwieriger Lebensbegleiter und die Zusammenarbeit ist oft langwierig. Doch gerade deshalb möchte ich nicht, dass du die folgenden Seiten überfliegst, zwei Mal nickst und das Buch danach zurück ins Regal stellst. Ich will, dass du die Ärmel hochkrempelst. Natürlich ist das mit etwas Arbeit verbunden. Damit meine ich nicht zwei oder drei Stunden am Tag – wenn du dir jeden Tag zwanzig bis dreißig Minuten Zeit nimmst, hast du schon sehr bald alle Techniken angewendet. Mit mir an deiner Seite wirst du es schaffen.

Es geht bei all diesen Techniken und Hilfestellungen nicht darum, zum Dauerlerner zu werden. Das Ziel ist nicht, dass du in jeder Minute, in der du dich konzentrieren kannst, lernst und deine Zeit am Schreibtisch verbringst. Es geht darum, dass du anfängst. Wer einmal in Bewegung ist, dem fällt es leichter, auch weiterzugehen, wenn er abgelenkt ist oder keine Lust mehr hat. Wenn du dieses Buch gelesen hast, wirst du dich mit deiner ADHS versöhnen und sogar mit ihr zusammenarbeiten können. Die Techniken aus diesem Buch sind so strukturiert und thematisch geordnet, dass sie zusammen ihre größte positive Wirkung für dich entfalten können. Dabei beginnst du mit den Grundlagen und arbeitest dich Methode für Methode zu den fortgeschrittenen Techniken durch.

Mithilfe dieser zehn Kapitel wirst du in Zukunft besser mit deiner ADHS lernen können:

- ✔ Für Orientierung sorgen
- ✔ Eindeutige Prioritäten setzen
- ✔ Klare Strukturen schaffen
- ✔ Produktive Arbeitsatmosphäre herstellen
- ✔ Den Anfang finden
- ✔ Den Fokus finden
- ✔ Lange konzentriert bleiben
- ✔ Zurück in die Spur
- ✔ Langfristige Pläne schmieden
- ✔ Dauerhaft motiviert bleiben

In jedem Kapitel stelle ich dir fünf konkrete Techniken vor, die dir sofort weiterhelfen werden. Damit das Ganze nicht zu trocken wird, zeige ich dir bei jeder Gelegenheit Beispiele, wie du diese Methoden schnell in deinen Alltag integrieren kannst. Außerdem folgt nach jeder vorgestellten Technik eine kleine Aufgabe, damit du die neuen Methoden direkt ausprobieren und anwenden kannst. Nach jedem Kapitel erhältst du außerdem eine Zusammenfassung, die dich dabei unterstützt, die Aufgaben auch wirklich zu erledigen.

Die Tipps in diesem Buch folgen einer bestimmten Logik. Das heißt aber nicht, dass du sie zwingend in dieser Reihenfolge lesen, bearbeiten und umsetzen musst. Du kannst frei entscheiden, ob du das Buch chronologisch durchgehen möchtest oder anderen Kriterien folgst. Ich empfehle dir, das Buch zunächst einmal zu überfliegen – blättere es durch, verschaffe dir einen Überblick, teste einige Aufgaben. Danach kannst du entscheiden, ob du dich frei durch das Buch bewegen oder lieber dem Inhaltsverzeichnis folgen möchtest. Letztlich führen beide Wege zum Ziel und sind gleich gut.

Damit du noch mehr von diesem Buch hast, habe ich umfangreiche Bonusinhalte für dich zusammengestellt, die dir das Bearbeiten der Aufgaben erleichtern werden. Meine Empfehlung: Sichere dir diese Arbeitsblätter und Checklisten sofort, damit du das meiste aus diesem Buch herausholen kannst. Am Ende dieser Seite findest du einen Link, über den du auf die Website des Studienscheiss-Verlags gelangst. Dort kannst du dich für das Bonusmaterial anmelden – natürlich kostenlos.

Zum Schluss noch eine Sache: Alle Empfehlungen aus diesem Buch habe ich selbst ausprobiert und für gut befunden. Jeder Tipp, den ich dir vorstelle, hat es in meine Best-of-Liste geschafft. Ich bin davon überzeugt, dass sie auch dir helfen werden. Alles, was du brauchst, um erfolgreich und stressfrei mit ADHS zu lernen, findest du in diesem Buch. Lass uns also keine Zeit verschwenden – legen wir los.

Hol dir hier das Bonusmaterial ab:

www.studienscheiss.de/bonus-lernen-mit-adhs

KAPITEL

1

FÜR ORIENTIERUNG SORGEN

Einleitung

Erinnerst du dich noch daran, als du zum ersten Mal alleine in einer großen Stadt warst? Du wolltest zu der bekannten Kathedrale oder zu einem angesagten Restaurant – doch am Ende hast du dich total verirrt. Was machst du in solch einer Situation? Du öffnest Google Maps und lässt dir die Route anzeigen. Oder du gehst zur nächsten Touristeninformation und kaufst dir eine Karte. Du schaust nach Wegweisern und fragst Passanten um Rat. Du unternimmst alles, um den Weg zu finden und die Orientierung wieder zu erlangen.

Dieses Beispiel macht das vorübergehende Chaos im Kopf eines ADHS-lers deutlich. Es ist, wie jeden Tag in einer fremden Stadt aufzuwachen – ohne Orientierungssinn. Die Gedanken rasen orientierungslos von Punkt zu Punkt und verursachen dabei inneres Chaos. In solchen Momenten ist es unmöglich, konzentriert und fokussiert zu sein. Dabei möchtest du doch nur einen klaren Kopf haben und zielstrebig deinen Weg gehen. Im besten Fall ohne Umwege, sodass du abends zufrieden ins Bett gehen kannst. Doch wie soll das funktionieren?

Zum Glück gibt es einige Äquivalente zur Stadtkarte und den Wegweisern aus dem Eingangsbeispiel. Denn es existieren Techniken, die dir als Orientierungshilfe im Alltag und insbesondere beim Lernen dienen können. Fünf dieser Methoden zeige ich dir in diesem Kapitel. Es handelt sich um Konzepte, die mir schon seit Langem helfen. Wenn du sie befolgst und regelmäßig anwendest, bekommst du Ordnung in das Chaos in deinem Kopf. Der Ideendschungel lichtet sich, Konzentration und Fokussierung sind endlich möglich.

Zuerst zeige ich dir, wie du eine Standortbestimmung vornimmst und deine Stärken identifizieren kannst – du bist zu viel mehr in der Lage, als du denkst. Diese Ressourcen kannst du nutzen, um deine Ziele zu erreichen und dich weiterzuentwickeln. Anschließend erfährst du, was eine Vision ist und wie du deine ganz persönliche Zukunftsaussicht entwirfst, um dein großes, übergeordnetes Ziel nie aus den Augen zu verlieren. Außerdem lernst du Mindmaps kennen, mit deren Hilfe du verschiedene Bereiche deines Lebens visualisieren und analysieren kannst. Nur so versetzt du dich in die Lage, Zeit und Kraft an den wichtigen Stellen zu bündeln. Im Anschluss bestimmen wir konkrete Ziele für dich und dein Leben. Mithilfe der 3-P-Regel wirst du Ziele definieren, die auf dich zugeschnitten sind und dir eine unbändige Motivation schenken. Zum Schluss lernst du, warum es wichtig ist, von Zeit zu Zeit Korrekturen in deinem Leben vorzunehmen und die Fahrtrichtung gelegentlich zu ändern. Nur so wird aus einem guten Plan ein sehr guter Plan.

★ **Methoden in diesem Kapitel:**

- ✔ Stärken identifizieren
- ✔ Eine Vision entwerfen
- ✔ Lebensbereiche definieren
- ✔ Ziele festlegen
- ✔ Korrekturen vornehmen

Stärken identifizieren

„Ich kann nichts. Ich bin doch sowieso zu doof dafür. Warum sollte ich das überhaupt erst anfangen?“ Solche und ähnliche Sätze habe ich mir sehr lange Zeit immer wieder selbst vorgesagt. Möglicherweise hast du dasselbe Problem und dein Selbstbewusstsein ist durch viele Niederlagen am Boden oder kaum noch auffindbar. Doch allen Widrigkeiten zum Trotz: Du hast Stärken – und zwar einige! Dir stehen unglaublich viel Ressourcen zur Verfügung, um deine Ziele zu erreichen. Doch was genau sind eigentlich Stärken? In einer meiner Lieblingsdefinitionen, von denen es tausende gibt, werden Stärken beschrieben als „Fähigkeiten und Eigenschaften, die z.B. bestimmen, wie wir mit Menschen umgehen. Oder wie wir eine Aufgabe anpacken. Sie sind genau wie berufliches Fachwissen notwendig, um bei der Arbeit gut und erfolgreich zu sein.“[2] Und das Beste ist: Jeder Mensch hat individuelle Stärken, die er für seinen persönlichen Erfolg nutzen kann.

Doch wie findest du deine eigenen Stärken? Woher weißt du, wo du stehst? Wie findest du heraus, was du gut kannst? Der erste Schritt auf der Reise, deine ADHS besser managen und damit besser lernen zu können, ist eine eindeutige Bestimmung deines Ist-Zustands. Zu diesem Zweck habe ich die folgenden Leitfragen für dich entwickelt. Sie helfen dir dabei, deinen aktuellen Standpunkt zu ermitteln:

- ✔ Was fällt mir leicht?
- ✔ Wofür bekomme ich Anerkennung von anderen?
- ✔ Was tue ich richtig gerne?
- ✔ Womit kann ich anderen gut helfen?
- ✔ In welchen Situationen glänze ich?
- ✔ Was waren bisher meine größten Erfolge?
- ✔ Wo habe ich großes Wissen?
- ✔ Wann kann ich dieses Wissen gut einsetzen?

Wenn du diese Fragen ehrlich beantwortest, findest du im Handumdrehen deine persönlichen Stärken. Du kommst zum Beispiel in Mathe überhaupt nicht klar, hast dafür aber in Englisch immer gute Noten gehabt, ohne dich anzustrengen? Dann könnte Sprachverständnis eine Stärke sein. Du hilfst anderen Leuten gerne, siehst sofort, wenn du irgendwo anpacken kannst und lässt niemanden im Regen stehen? Super, du bist wahrscheinlich empathisch, hilfsbereit und tatkräftig. Es gibt schier unendlich viele Stärken und positive Eigenschaften. Sei bei deiner Stärken-Schwächen-Analyse nicht von deinen bisherigen Erfahrungen voreingenommen. Im Folgenden nenne ich dir einige Stärken (es gibt aber noch viele weitere): Welche davon treffen auf dich zu? Einfühlungsvermögen, Kritikfähigkeit, Organisationstalent, Teamfähigkeit, Kontaktfreude, Lernbereitschaft, Durchsetzungsstärke, räumliches Denken und Zusammenhänge erkennen, Verantwortungsbereitschaft, Eigeninitiative, Kommunikationsfähigkeit und viele mehr.[3]

Wenn du deine Stärken nicht auf Anhieb findest, lass dich nicht aus der Spur bringen und bleib dran. Solltest du alleine nicht weiterkommen, dann frage deine Mitmenschen, was sie an dir gut finden, welche Stärken und Fähigkeiten sie in dir sehen. Du wirst überrascht sein, welche Qualitäten du besitzt! Hinterfrage nicht, was sie sagen, sondern schreib es auf. Später kannst du es immer noch anpassen oder streichen. Für den Moment geht es jedoch nur darum, einen möglichst umfangreichen Stärken-Katalog aufzustellen, auf den du zurückgreifen kannst.

✎ Aufgabe:

Beantworte die Leitfragen auf der vorherigen Seite schriftlich und höre nicht eher auf, bis du zu jedem Punkt mindestens drei Antworten notiert hast! Wenn du nicht weiterkommst, dann lege eine Pause ein und versuche es im Anschluss erneut. Alternativ kannst du andere Menschen um Rat fragen: Wo sehen sie deine größten Stärken? Was bewundern sie an dir? Du wirst dich wundern, wie positiv du von deinem Umfeld wahrgenommen wirst.

Eine Vision entwerfen

„Wohin will ich?" – das ist eine einfache Frage, die alles andere als leicht zu beantworten ist. Zumindest, wenn es den eigenen Lebensweg betrifft. Was draußen auf der Straße recht eindeutig ist (du hast Name, Adresse oder Bezeichnung deines Zielorts) und selbst in der Wildnis (mit Karte und Kompass) zu bewerkstelligen wäre, ist im echten Leben viel anspruchsvoller. Vor allem, weil dieses „wohin" sich mit fortschreitendem Alter und Entwicklungsstand ändert. Ein „wohin", das häufig variiert, ist so hilfreich wie ein Kompass, der nicht zuverlässig nach Norden zeigt. Deshalb brauchst du eine eindeutige Marschrichtung. Du brauchst eine Vision. Damit meine ich nicht dieses ätherisch-esoterische Gefühl der inneren Ausrichtung, sondern etwas ganz Konkretes.

Eine Vision ist ein übergeordnetes Ziel in deinem Leben, eine präzise und motivierende Vorstellung, wohin du in deinem Leben willst, wie deine Zukunft aussehen soll. Sie sollte Wünsche und Träume widerspiegeln und darf dabei durchaus optimistisch und idealistisch sein. In deiner Vision versammelst du alle Motive und Werte, die dir wichtig sind. Auf diese Weise kannst du dich bei wichtigen Fragen immer wieder an deiner Vision orientieren und deine Entscheidungen an ihr ausrichten.

Um solch eine Orientierungshilfe zu finden, brauchst du zum Glück keinen Uniabschluss – es reicht, wenn du dich pragmatisch herantastest. Eine Vision, die deine Ziele aufzeigt und dabei alle Hindernisse und Ablenkungen überstrahlt, lässt sich durch die Beantwortung verschiedener Fragen finden. Das sind Fragen, die sich um deine Werte und Einstellungen drehen und sich auf jeden deiner Lebensbereiche erstrecken. Sie zu beantworten, erfordert Authentizität und Ehrlichkeit. Aber keine Sorge: Niemand außer dir muss diese Antworten zu Gesicht bekommen.

Wenn du die folgenden Fragen beantwortest, hast du einen kraftvollen ersten Entwurf deiner Vision, die dir wie ein Stern am Himmel den Weg weist. Lass dir Zeit und formuliere deine Antworten aus. Sei dabei ruhig ausführlich. Diese Fragen helfen dir dabei, deine Vision zu finden:

- ✔ Was möchte ich in meinem Leben erreichen?
- ✔ Warum möchte ich mich besser konzentrieren können?
- ✔ Warum lerne ich?
- ✔ Was würde ich lernen, wenn ich mich voll konzentrieren könnte?
- ✔ Was würde ich lernen, wenn ich alles lernen könnte, was ich will?
- ✔ Was würde ich tun, wenn ich mein volles Potenzial ausschöpfen könnte?
- ✔ Wie sähe mein Leben aus, wenn ich es komplett nach meinen Wünschen gestalten könnte?
- ✔ Welche Chancen würde ich wahrnehmen?
- ✔ Worauf möchte ich in 5, 10 oder 15 Jahren stolz zurückblicken?

Halte dich nicht zurück, wenn du ein genaueres Bild deiner Vision beschreibst. Sei ehrgeizig! Stelle dir vor, was immer du dir vorstellen möchtest und mach dich nicht klein. Sei detailliert, sei gründlich, sei ausführlich.

✎ Aufgabe:

Beantworte die obigen Fragen schriftlich! Jede Antwort ist in Ordnung, es gibt kein richtig oder falsch. Formuliere im Anschluss ausführlich deine persönliche Zukunftsvision und beschreibe, wie sich dein Leben entwickeln soll. Welche Werte sind dir wichtig? Was möchtest du erreichen? Und warum? Lass dir Zeit und sei kreativ. Schreibe in der Ich-Form und im Präsens, als hättest du deine Vision schon erreicht.

Lebensbereiche definieren

Du hast nun deine Stärken identifiziert und dir liegt der erste Entwurf deiner persönlichen Vision vor – damit steht das Fundament für eine Neuausrichtung deiner Arbeitsweise. Das ist ein guter Anfang, aber er ist noch sehr allgemein. Damit du motiviert und zielstrebig loslegen kannst, brauchst du eine genauere, detaillierte Vorstellung von deiner Zukunft. Dazu finden wir nun heraus, welche konkreten Lebensbereiche für dich von Bedeutung sind. Nicht alle Aspekte in deinem Leben erfordern gleich viel Aufmerksamkeit. Während du einige zumindest vorübergehend vernachlässigen kannst, musst du für andere mehr Energie aufbringen, damit du über dich hinauswachsen kannst. Um herauszufinden, welche Lebensbereiche das sind, empfehle ich dir die Erstellung einer Mindmap.

Eine Mindmap ist ein einfaches Werkzeug, um deine Gedanken zu strukturieren, Verbindungen sichtbar zu machen und neue Ideen zu gewinnen. Sie stellt sozusagen eine Art Karte deines Gehirns dar, zumindest eines Teils davon. Darum eignen sich Mindmaps hervorragend dafür, deine Lebensbereiche zu visualisieren. In der nachfolgenden Grafik siehst du eine beispielhafte Zusammenstellung verschiedener Lebensbereiche (grau hinterlegt) mit den dazugehörigen Aktivitäten und Menschen.

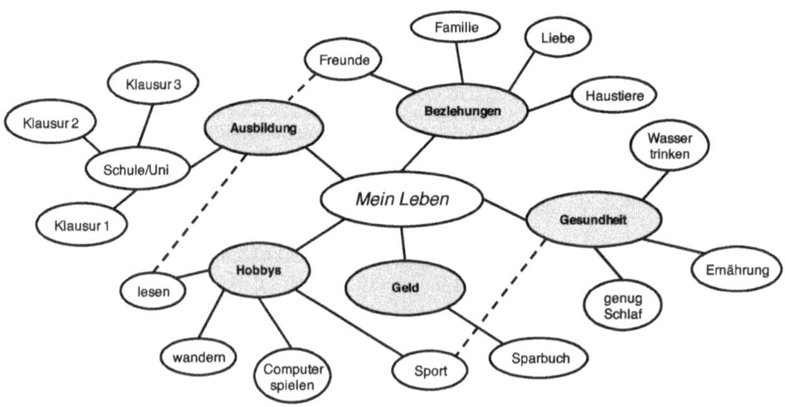

Ich selbst habe auf diese Weise mein Leben strukturiert und sämtliche Aspekte „unter einen Hut“ gebracht. Für Bereiche, die miteinander interagieren oder auf irgendeine Art und Weise miteinander zu tun haben, werden Verbindungslinien eingezeichnet. Beispielsweise kann Sport ein Hobby sein – er ist aber auch gut für die psychische und physische Gesundheit. Je mehr Verbindungen ein einzelner Bereich zu anderen Bereichen aufweist, desto wichtiger ist er in deinem Leben.

Bei deiner eigenen Mindmap gehst du so vor: Sammle zunächst verschiedene Bereiche deines Lebens in einer Liste. Die wichtigsten Lebensbereiche überträgst du dann auf ein großes Blatt Papier und legst damit das Fundament für deine Mindmap. Dazu können beispielsweise Beziehungen, Gesundheit, Bildung oder Hobbys gehören. Schreibe alle Kategorien auf, die einen wichtigen Platz in deinem Leben einnehmen oder einnehmen sollen. Danach verfeinerst du die Auswahl und notierst alles, was dir zu den einzelnen Bereichen in den Sinn kommt. Dem Bereich „Beziehungen“ könntest du zum Beispiel „Familie“ und „Freunde“ zuordnen. Auf diese Weise bekommst du einen guten Überblick über die Schwerpunkte in deinem Leben und auch darüber, wo du mehr Zeit und Energie aufbringen möchtest, um Veränderungen zu bewirken.

✎ **Aufgabe:**

Zeichne eine Mindmap, auf der deine wichtigsten Lebensbereiche abgebildet sind! Berücksichtige dabei auch Unterpunkte und sämtliche Querverbindungen. Sieh dir dann die Mindmap an und finde heraus, wo deine Schwerpunkte liegen. Dies können Inhalte sein, die besonders oft mit anderen verbunden sind.

Ziele festlegen

Nachdem du nun deine wichtigsten Lebensbereiche aufgespürt hast, kommen dir bestimmt schon die ersten Ideen in den Sinn, wie du dich punktuell verbessern kannst. Das ist grundsätzlich gut, hilft dir in der Praxis jedoch nur selten weiter. Jeder weiß, dass für einen gesunden Körper „mehr Bewegung“ und „eine bessere Ernährung“ wichtig sind. Um eine Sprache zu lernen, musst du „Vokabeln beherrschen“ und „mehr sprechen“. Doch das sind nur diffuse Ideen und keine genauen Ziele.

In Bezug auf deine Noten hast du sicherlich schon einige Lernziele formuliert. Doch häufig funktioniert dieses Vorgehen nicht auf Anhieb. Warum? Weil diese Ziele oft falsch formuliert sind. Sie sind unpräzise, ohne Kontext und strahlen keine Motivation auf dich aus. Mit schwammigen Zielen wie „mehr lernen“ kannst du dich nicht identifizieren, sie haben keinerlei Kraft. Glücklicherweise gibt es eine sehr einfache Methode, um Ziele so zu formulieren, dass sie das Beste in dir zum Vorschein bringen: die 3-P-Regel. Ein Ziel muss persönlich, positiv und im Präsens formuliert sein, wenn es seine volle Kraft entfalten soll. Entsprechend dieser drei Kerneigenschaften (persönlich, positiv, Präsens) heißt diese Regel zur Zielformulierung 3-P-Regel. Sehen wir uns diese Eigenschaften nun etwas genauer am Beispiel „beim Lernen nicht durchs Smartphone ablenken lassen“ an. Dazu gehen wir mit jeder neuen Formulierung ein weiteres „P“ an, sodass du am Ende ein präzises, persönliches und im Präsens geschriebenes Ziel vor Augen hast.

Persönlich: Jede deiner Zielformulierungen sollte mit „ich“ beginnen. Eigentlich lernen wir schon von klein auf, dass Sätze möglichst nicht mit „ich“ beginnen sollen. Das darfst du für diese Methode jedoch ignorieren. Denn durch die Formulierung deines Ziels muss klar werden, dass es DEIN Ziel ist. Darüber hinaus wirkt eine „Ich“-Anweisung wie ein Handlungsbefehl an dein Gehirn. Hier ein Beispiel:

- ✔ Ich werde mich beim Lernen nicht mehr mit meinem Smartphone ablenken.

Positiv: Formuliere dein Ziel positiv, damit es von deinem Unterbewusstsein angenommen wird. Identifiziere dich damit und versuche, dein Ziel so zu beschreiben, dass du bei dessen Umsetzung optimistisch und motiviert bleibst. Neutrale oder gar negative Formulierungen schrecken hingegen ab. Wenn du bereits bei der Zielsetzung den Eindruck verstärkst, eigentlich gar keine Lust zu haben oder nicht an einen Erfolg zu glauben, wird sich dieses vorweggenommene Ergebnis mit einer viel höheren Wahrscheinlichkeit einstellen. Das wäre nicht in deinem Interesse. Eine positive Formulierung könnte zum Beispiel so aussehen:

- ✔ Ich werde mich beim Lernen sehr gut konzentrieren.

Im Präsens: Die Formulierung deiner Ziele sollte immer in der Gegenwartsform sein. Denk dran: Jedes Ziel ist eine Anweisung an dein Gehirn. Diese Anweisung gilt für jetzt. Genau jetzt. Nicht für morgen, nicht für die ferne Zukunft. Ein Ziel, das für „demnächst" formuliert ist, verliert jede Antriebskraft. Die Zukunft ist ein abstraktes Konstrukt, mit dem unser Unterbewusstsein nichts anfangen kann. Mit unserem Bewusstsein verhält es sich ein wenig, wie mit einem Eisberg – es ist der untere Teil, das Unterbewusstsein, das den größten Teil unserer Handlungen und Einstellungen ausmacht. Ein Ziel muss also für das Unterbewusstsein formuliert sein, so, als sei es bereits erreicht:

- ✔ Ich konzentriere mich beim Lernen sehr gut.

✎ Aufgabe:

Notiere drei Ziele mithilfe der 3-P-Regel! Halte dabei die drei Eigenschaften (persönlich, positiv, Präsens) ein. Dazu nimmst du dir deine Liste mit den Lebensbereichen aus dem vorherigen Kapitel vor und schreibst für jeden Bereich, an dem du arbeiten möchtest, ein Ziel auf. Wenn du bereits Ziele aus der Vergangenheit hast und sie immer noch für wichtig hältst, dann formuliere sie mit der 3-P-Regel um.

Korrekturen vornehmen

Es kommt häufig vor, dass du deine Ziele nicht beim ersten Versuch erreichst. Dies kann verschiedene Gründe haben: Vielleicht waren sie zu anspruchsvoll formuliert oder die Zeit war zu knapp kalkuliert. Möglicherweise wurden Zwischenfälle nicht einberechnet oder dein Kopf wollte nicht so wie du. Es gibt viele Gründe, ein Ziel zu verfehlen. Durch einen ersten kleinen Misserfolg entwickelt sich oft eine „Jetzt-ist-es-auch-egal-Haltung“: „Wenn ich heute schon im Park war, anstatt zu lernen, bestehe ich die Klausur ohnehin nicht – dann muss ich jetzt auch nicht mehr mit Lernen anfangen.“

Wenn du dich aber auf verfehlte Zwischenziele versteifst, beeinflusst dich diese Haltung permanent. Die Angst vor weiteren Fehlern, Problemen und Verirrungen lähmt dich. Du wirst vorsichtig, hältst dich zurück und verschenkst damit sehr viel Potenzial und Möglichkeiten. Wenn du dir hingegen Fehltritte aus der Vergangenheit vergibst, kannst du unbeschwert in die Zukunft starten. Ganz abseits von Kirche und Religion ist auch in der Psychologie bekannt, dass Vergebung sowohl für andere als auch für uns selbst sehr wichtig, ja sogar unerlässlich ist.[4] Vergebung sorgt dafür, dass wir körperlich und seelisch gesund werden können und bleiben – und sie setzt Ressourcen frei. Dazu ein Beispiel. Angenommen, du wolltest für eine Prüfung lernen, hast dein Ziel jedoch verfehlt. Wenn du die Ursache deiner Zielverfehlung kennst, kannst du diesen Fehler in Zukunft vermeiden. Um herauszufinden, aus welchen Gründen du dein Ziel verfehlt hast, stellst du dir folgende Fragen:

- ✔ Was genau ist schiefgelaufen?
  - → Ich habe nicht gelernt.
- ✔ Warum werfe ich mir diesen Fehler vor?
  - → Weil mir das immer wieder passiert.
- ✔ Hat es irgendeinen Nutzen, dass ich mich selbst schlecht mache?
  - → Nein.

Jetzt, da du weißt, was schiefgelaufen ist, kommt der wichtigste Schritt: Du vergibst dir selbst! Notiere dazu genau, was geschehen ist, was daran so schlimm war, was du nicht wiederholen möchtest – und dann schreibe dahinter: „Das vergebe ich mir.“ So könnte das aussehen:

- ✔ „Ich habe viel zu wenig für diese Klausur gelernt. Außerdem habe ich den Lernstoff nicht richtig eingegrenzt. Das vergebe ich mir.“

Verbleibe aber nicht bei der Selbstvergebung, sondern nimm zusätzlich eine Kurskorrektur vor. Stelle dir dazu folgende Fragen:

- ✔ Welche Lehre ziehe ich aus der Vergangenheit?
  - → Mein Zeitmanagement muss besser werden.
- ✔ Was kann ich in Zukunft tun, um diesen Fehler zu vermeiden?
  - → Ich sollte Freizeitbeschäftigungen vorher einkalkulieren.
- ✔ Wie kann ich dieses Problem in Zukunft vermeiden?
  - → Ich erstelle einen detaillierten Zeit- und Lernplan.
- ✔ Welche Ressourcen habe ich dafür zur Verfügung?
  - → Ehrgeiz, Organisationstalent, Lernbereitschaft...

Deine Kurskorrekturen werden nicht perfekt sein – das ist aber auch nicht das Wichtigste. Die Hauptsache ist, dass du eine Routine darin entwickelst, dich zu korrigieren. Wenn du regelmäßig Korrekturen vornimmst, werden sie dir auch Spaß machen, denn du siehst, wie du immer besser wirst.

✎ **Aufgabe:**

Betrachte ein verfehltes Ziel und nimm eine Kurskorrektur vor! Beantworte dazu die Fragen aus diesem Kapitel, analysiere ein vergangenes Ziel und vergib dir. Passe deinen Plan danach an und definiere ein neues Ziel.

Zusammenfassung

In der folgenden Übersicht habe ich die fünf Methoden für eine bessere Orientierung noch einmal für dich zusammengefasst. Erinnerst du dich an alle Konzepte? Hast du die Aufgaben schon erledigt?

Stärken identifizieren

Du kannst viel mehr, als du denkst – ermittle mithilfe von Listen und Freunden deine Stärken und schreibe sie auf. Halte sie dir immer wieder vor Augen!

Eine Vision entwerfen

Deine Vision hält dir klar vor Augen, wie du dir deine Zukunft vorstellst. Wenn du sie entwirfst, sei präzise, deutlich und ehrgeizig. Schreib dir deine Vision auf und lies sie immer wieder durch.

Lebensbereiche definieren

Mithilfe einer Mindmap findest du heraus, was wirklich wichtig für dich ist. Du siehst, welche Lebensbereiche für dich die größte Rolle spielen und wo du mehr Zeit und Kraft investieren möchtest.

Ziele festlegen

Die 3-P-Regel hilft dir dabei, deine persönlichen Ziele festzulegen und sie so klar wie möglich zu formulieren. Dabei achtest du darauf, dass du sie persönlich, positiv und im Präsens verfasst.

Korrekturen vornehmen

Wenn du dir deine Zielverfehlungen aus der Vergangenheit vergibst, kannst du gelöst von vorne anfangen. Finde die Gründe, die zu den Verfehlungen geführt haben und überlege, wie du diese Fehler in Zukunft vermeiden kannst.

KAPITEL

2

EINDEUTIGE PRIORITÄTEN SETZEN

Einleitung

Orientierung? Check. Ziele und Vision hast du jetzt auch. Diese, egal, ob groß oder klein, münden häufig in einer To-do-Liste. Doch was sollst du davon zuerst erledigen? Welche Ziele sind besonders wichtig? Welche zeitkritisch? Und welche Punkte kannst du erstmal nach hinten verschieben und dich später darum kümmern? Was du jetzt brauchst, ist eine einfache Entscheidungshilfe, mit der du sofort weißt, was als nächstes an der Reihe ist. Du brauchst Prioritäten.

Das Wort Priorität stammt vom lateinischen Wort „prior" (der Vordere) und bedeutet im heutigen Sprachgebrauch den Vorrang einer Sache vor einer (oder mehreren) anderen. Dabei können Prioritäten ganz unterschiedlich bestimmt werden: zum Beispiel nach Dringlichkeit, nach Wichtigkeit oder nach persönlichen Vorlieben. Doch wie unterscheidet sich das alles voneinander? Das klären wir auf den folgenden Seiten.

Am Ende dieses Kapitels wirst du eine durchstrukturierte und minimalistische Prioritätenliste in den Händen halten und wissen, welche Aufgabe als nächstes anliegt. Du wirst die Macht über deine Aufgaben und deinen Terminkalender haben. Neue Verpflichtungen können dich nicht mehr aus der Bahn werfen und abends gehst du mit dem guten Gefühl ins Bett, dass du richtig viel geschafft hast.

Mithilfe der Techniken, die ich dir gleich zeige, behältst du die wichtigen Dinge in deinem Leben im Auge und triffst gleichzeitig gute Entscheidungen. Wunderbar an den folgenden Methoden ist, dass sie einfach anzuwenden sind. Wenn sich die Umstände ändern, sind keine komplizierten Anpassungen in deinem Leben notwendig, um wieder alles unter einen Hut zu bringen. Aus eigener Erfahrung kann ich dir sagen, dass diese Methoden dein Leben bedeutend entspannter und gleichzeitig effektiver und effizienter gestalten können.

Zuerst zeige ich dir, wie ein Zeitkonto funktioniert und wie du damit deine verfügbare Zeit ausrechnest. Danach erfährst du, was das Pareto-Prinzip ist und wie es funktioniert. Dieses Prinzip wird dein Aufgabenmanagement komplett umkrempeln und dir helfen, effizient Prioritäten zu setzen. Anschließend erkläre ich dir, wie du deine Prioritätenliste mithilfe der ABC-Analyse kategorisierst. Du erfährst, was Frösche mit deinen wichtigsten Aufgaben zu tun haben und wie du diese kleinen Frechdachse ausfindig machst. Zum Schluss lernst du, was eine Not-to-do-Liste ist und warum sie ein sehr gutes Werkzeug ist, um von vornherein Prioritäten richtig zu setzen und sich nicht mit Überflüssigem zu beschäftigen.

★ **Methoden in diesem Kapitel:**

- ✔ Zeitkonto
- ✔ Pareto-Prinzip
- ✔ ABC-Analyse
- ✔ Eat-the-frog-Methode
- ✔ Not-to-do-Liste

Zeitkonto

168 Stunden. So viel Zeit steht jedem Menschen pro Woche zur Verfügung. Das klingt erstmal nach einer ganzen Menge. In 168 Stunden kannst du sehr viel erledigen. Aber stimmt diese Zahl überhaupt? Wenn du 24 Stunden pro Tag mit 7 Tagen pro Woche multiplizierst, hast du 168 Stunden – aber das ist natürlich zu kurz gedacht. Du schläfst, isst, machst Sport, lernst. Wenn du deinen Tag gut planen möchtest, musst du all das berücksichtigen. Wie viel Zeit du nach Abzug all dieser Tätigkeiten täglich und wöchentlich zur Verfügung hast, siehst du in der folgenden Tabelle. Dabei habe ich zunächst den täglichen Zeitaufwand für verschiedene Aktivitäten geschätzt und diesen Wert dann auf eine Woche hochgerechnet. In dieser Rechnung habe ich auch das Wochenende berücksichtigt, damit das Beispiel realistisch ist. Dies sind jedoch Schätzwerte und können von deiner persönlichen Situation abweichen.

Zeitfaktor	**Stunden pro Tag**	**Stunden pro Woche**
Schlafen	8	56
Schule/Uni	6	40
Lernen/Hausaufgaben	2	10
Fahrten, Pendeln	1	5
Essen	1	7
Sport und Fitness	2	5
Spiel und Spaß	2	14
Familie und Freunde	1	14
Verbleibende Zeit	**1**	**17**

Wie du siehst, bleibt am Ende des Tages nur eine Stunde übrig, die zur freien Verfügung steht. Natürlich ist solch ein Tag nicht repräsentativ: Ein Sonntag sieht ganz anders aus als ein Wochentag. Darum ergibt es mehr Sinn, ein Wochenzeitkonto zu erstellen. So verbleiben in diesem Beispiel noch 17 freie Stunden pro Woche.

Aber das ist nur auf den ersten Blick so, weil es sehr gut sein kann, dass sich einer der Zeitfaktoren ausdehnt und mehr Stunden in Anspruch nimmt. Wenn du dich beispielsweise auf eine wichtige Klausur vorbereiten musst, nimmt dieser Posten mehr Zeit ein als üblich. Oder du befindest dich in einer sehr intensiven Lernphase, in der nicht nur deine Wochentage, sondern auch die Wochenenden mit Lernstunden belegt sind.

Darum ist es wichtig, dass du ein persönliches Zeitkonto erstellst. Du musst dir vor Augen führen, wie viel Zeit die einzelnen Aktivitäten in deinem Tages- und Wochenplan einnehmen. Besonders für uns ADHSler erleichtert ein solches Zeitkonto den Überblick über unsere Zeit – und wir bekommen ein Gefühl dafür, wie viele Stunden wir für bestimmte Aktivitäten aufwenden.

Ganz egal, welche Zeitspanne ein Punkt in der Tabelle in deinem Leben einnimmt – es ist wichtig, dass du die dir am Ende zur freien Verfügung stehenden Stunden geschickt nutzt. Das geht nur, wenn du Prioritäten setzt und dir klarmachst, was das Wichtigste ist. Überlege dir, womit du die restliche Zeit verbringen möchtest. Wo bringt sie dir am meisten? Wenn du rechtzeitig mit dem Lernen anfängst und am Anfang mehr Zeit dafür aufwendest, bist du später entspannter, schreibst bessere Noten und hast mehr Erfolg. Der Zeitaufwand, der jetzt durch das Anfertigen eines Zeitkontos entsteht, zahlt sich später aus. Wenn du dir einige Tage lang aufschreibst, wofür du wie viel Zeit benötigst, findest du heraus, wo du Zeit einsparen kannst. Diese verwendest du dann für die Prioritäten, die dir am meisten bringen.

✏ **Aufgabe:**

Erstelle dein eigenes Zeitkonto! Überlege dafür, wie viel Zeit du in den letzten zwei bis drei Wochen im Durchschnitt für einzelne Tätigkeiten aufgewendet hast und notiere diese Angaben in einer Tabelle. Rechne dann deine frei verfügbare Zeit aus und überlege, welche persönlichen Ziele du in dieser Zeit priorisieren möchtest.

Pareto-Prinzip

Nachdem du jetzt weißt, wie viel Zeit dir täglich und wöchentlich für deine Aufgaben zur Verfügung steht, merkst du unter Umständen, dass diese für die Fülle der Aufgaben nicht ausreicht. Manche Dinge kannst du jedoch ohne schlechtes Gewissen unerledigt lassen, denn sie haben keine Priorität. Welche das sind, verrät dir das Pareto-Prinzip.

Das Pareto-Prinzip ist auch unter der Bezeichnung 80/20-Regel bekannt geworden und geht auf den italienischen Professor Vilfredo Pareto[5] zurück. Pareto fand heraus, dass ca. 20 Prozent der italienischen Bevölkerung etwa 80 Prozent des Vermögens besitzen – inzwischen ist bekannt, dass sich dieses Größenverhältnis auf nahezu alle Lebensbereiche übertragen lässt. 20 Prozent der Fußballvereine bekommen 80 Prozent der Werbeeinahmen, 20 Prozent der YouTuber bekommen 80 Prozent der Klicks und 20 Prozent der Bestsellerautoren schreiben 80 Prozent der Bestseller und so weiter. Oft ist das Verhältnis übrigens noch extremer. In der folgenden Grafik habe ich diese ungleiche Verteilung für dich dargestellt:

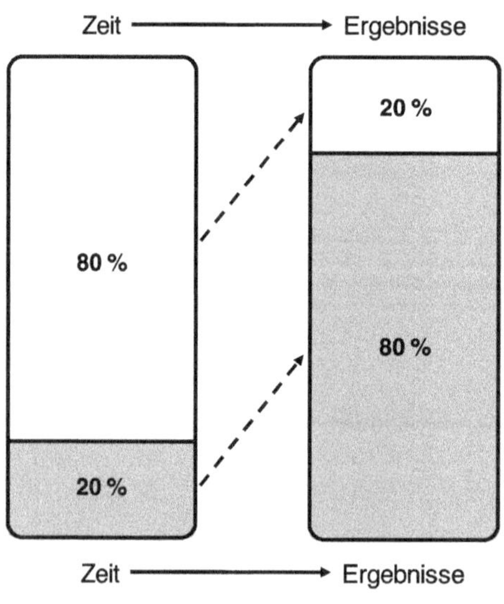

Doch jetzt kommt der Clou: Dieses Verhältnis gilt auch für die Aufgaben auf deiner To-do-Liste: 20 Prozent der Aufgaben sorgen für 80 Prozent des späteren Ergebnisses. Wenn du also zehn Aufgaben auf deiner To-do-Liste stehen hast, sind davon oft zwei Aufgaben so wichtig, dass sie mehr bewirken, als die restlichen acht. Im ersten Moment klingt das unglaublich, doch wenn du das Pareto-Prinzip hier anwendest, wirst du viel effizienter lernen können – denn jetzt teilst du deine Zeit nicht mehr auf 100 Prozent deiner To-dos auf, sondern nur noch auf 20 Prozent. Jetzt gilt es, diese 20 Prozent zu finden, damit du dort deine Energie investieren kannst. Um einfach und schnell deine Prioritäten, nämlich diese 20 Prozent zu finden, kannst du dir ein paar Fragen stellen.

Frage dich zuerst, wie dein (Tages-)Ziel lautet. Was möchtest du heute auf jeden Fall erreichen? Welche deiner Aufgaben und To-dos sind dafür notwendig? Markiere diese Einträge auf deiner To-do-Liste. Stelle dir dann die Frage, welche dieser notwendigen Aufgaben den größten Nutzen für dich haben – welche Aufgaben liefern die besten oder umfangreichsten Ergebnisse? Diese Aufgaben sind die 20-Prozent-Aufgaben, die dir nach dem Pareto-Prinzip am meisten bringen. Um dir noch klarer darüber zu werden, was von deiner To-do-Liste wirklich wichtig ist, kannst du dich umgekehrt fragen: Welche Aufgaben tragen wenig oder gar nichts zum Erreichen deines Ziels bei? Diese 80 Prozent der To-do-Liste kannst du getrost liegen lassen. Konzentriere dich ausschließlich auf die restlichen 20 Prozent deiner To-do-Liste. Der Rest ist vorerst unwichtig. Halte dich also nicht mit Kleinigkeiten auf, sondern nimm die wichtigste der 20-Prozent-Aufgaben in Angriff.

✎ Aufgabe:

Gehe deine To-do-Liste sorgfältig durch und stelle dir dabei die obigen Fragen! Finde so die 20 Prozent der Aufgaben, die dir 80 Prozent des Erfolges bringen. Räume diesen Aufgaben die höchste Priorität auf deiner To-do-Liste ein und beginne sofort mit deren Erledigung.

ABC-Analyse

Selbst wenn deine Aufgabenliste durch die Anwendung des Pareto-Prinzips schon kürzer geworden ist, kann sie immer noch zu lang sein. Um eine weitere Priorisierung vorzunehmen, kannst du die ABC-Analyse anwenden. So findest du auch heraus, mit welcher Aufgabe du anfangen willst. Mithilfe der ABC-Analyse weist du einer Aufgabe eine bestimmte Kategorie zu (A, B oder C) und sortierst die Liste dann entsprechend. Nachdem du diese Methode angewendet hast, liegt keine To-do-Liste mehr vor dir, sondern eine Prioritätenliste.

Dabei steht A für die Aufgaben, die unbedingt getan werden müssen. An der Erledigung dieser Aufgaben führt kein Weg vorbei. B klassifiziert die Aufgaben, die erledigt werden sollen. Sie sind wichtig, aber nicht essenziell für dein Ziel. C-Aufgaben können erledigt werden, sind aber eher irrelevant. Ihre Abwicklung hat auf die Erreichung deines Ziels keine große Auswirkung.

Bevor du mit der ABC-Analyse anfängst, definierst du dein Tagesziel, zum Beispiel: „Ich lerne heute zwei Stunden Englisch“. Dann siehst du dir deine Aufgabenliste an und priorisierst mithilfe der Kategorien A, B und C. Welche dieser Aufgaben ist für das Tagesziel „heute zwei Stunden Englisch lernen“ relevant?

Ob eine Aufgabe den Wert A, B oder C bekommt, entscheidet auch darüber, wie viel von deiner Zeit du zu ihrer Erledigung zur Verfügung stellst. Je wichtiger eine Aufgabe für die Erreichung deines Tagesziels ist, desto mehr Zeit solltest du für sie aufwenden. Meist sind unsere Tage mit B- und C-Aufgaben gefüllt und wir haben nicht mehr viel Zeit für A-Aufgaben. In der folgenden Abbildung siehst du links die Liste vor der Priorisierung, rechts die geordnete Liste.

Aufgabe
Schreibtisch ordnen
Zimmer saugen
Geschenk suchen
Vokabeln üben
Text lesen
Mama anrufen
Sport machen
Mathe üben
Druckerpapier auffüllen

Aufgabe	Priorität
Vokabeln üben	A
Text lesen	A
Schreibtisch ordnen	A
Zimmer saugen	B
Druckerpapier auffüllen	B
Geschenk suchen	C
Mama anrufen	C
Sport machen	C
Mathe üben	C

Es kann sein, dass sich deine Aufgabenliste im Lauf des Tages erweitert. In diesem Fall musst du die Prioritäten neu verteilen. Denk auch dann wieder kritisch darüber nach, wie diese Aufgaben zur Erreichung deines Ziels beitragen.

✎ Aufgabe:

Bestimme dein Tagesziel und entscheide, welche Aufgaben direkten Einfluss darauf haben! Sortiere sie anhand der ABC-Analyse und kümmere dich zuallererst um deine A-Aufgaben. Wenn nötig, überarbeite die Liste im Laufe des Tages.

Eat-the-frog-Methode

Wir ADHSler starten häufig mit Kleinigkeiten in den Tag, weil wir es erst einmal „langsam angehen“ lassen wollen. Diese Herangehensweise bringt jedoch nicht viel, weil sie dazu beiträgt, die wichtigsten Aufgaben des Tages so lange vor uns herzuschieben, bis wir sie nicht mehr schaffen können. Wir sagen uns dann, dass wir diese Aufgabe heute ohnehin nicht mehr erledigen werden und verlegen sie auf den nächsten Tag. Diesen fatalen Kreislauf solltest du durchbrechen! Dabei hilft dir die Eat-the-frog-Methode. Sie geht auf ein amerikanisches Sprichwort zurück: „Wenn du morgens als erstes einen lebendigen Frosch isst, wird dir den Rest des Tages nichts Schlimmeres passieren.“[6] Was in dieser Metapher eklig klingt, bedeutet in der Realität: Wenn du die schwierigsten, anspruchsvollsten oder unangenehmsten Aufgaben des Tages morgens als erstes erledigst, hast du den restlichen Tag deine Ruhe und ein gutes Gefühl.

Für die Eat-the-frog-Methode nehmen wir uns deine Prioritätenliste vor und bestimmen aus den vergebenen Prioritäten deinen „Frosch“ – also die Aufgabe, die am wichtigsten ist und die du als erstes bearbeiten solltest. Dabei gilt: Nicht jede unangenehme und „eklige“ Aufgabe ist wichtig und nicht jede wichtige Aufgabe ist unangenehm. Die Toilette zu putzen ist sicherlich unangenehm, aber nicht essenziell für deinen Fortschritt beim Lernen, das Lesen eines Kapitels aus dem Lehrbuch dagegen schon. Wenn du das herausgefunden hast, suchst du dir abends die Aufgabe heraus, die mit ihrer Erledigung die größten positiven Auswirkungen auf dein Ziel haben wird – und erledigst sie am nächsten Tag als erstes.

Dein „Frosch“ kann aus jedem Bereich deines Lebens kommen. Die entscheidende Frage lautet: Bringt dich diese Aufgabe einem wichtigen Ziel ein wesentliches Stück näher? Oder andersherum: Gibt es noch andere Aufgaben auf deiner To-do-Liste, die einen größeren positiven Nutzen für dich haben? Höre nicht eher auf zu suchen, bis du die Aufgabe mit dem höchsten Wert gefunden hast.

Brian Tracy[7], der Erfinder der Eat-the-frog-Methode, sagte einmal, dass es nichts bringe, den Frosch lange anzustarren, wenn man ihn ohnehin essen muss. Wenn du vor einer Frosch-Aufgabe stehst, dann erledige sie. Denk nicht lange darüber nach oder schiebe sie auf. Das Problem wird sich nicht von selbst lösen und mit der Zeit wird es immer schwieriger. Nicht lange fackeln, einfach machen!

Je nachdem, wie umfangreich deine To-do-Liste ist, können auch mehrere Frösche pro Tag auf deinem Speiseplan stehen. Fang in diesem Fall mit dem unappetitlichsten an, d. h. der größten, nervigsten Aufgabe. Damit du diese schneller identifizieren kannst, habe ich einige Fragen für dich entwickelt:

- ✔ Vor welchen Aufgaben drückst du dich schon lange?
- ✔ Welche dieser Aufgaben bereitet dir schlaflose Nächte?
- ✔ Für welche Aufgabe würdest du jemanden bezahlen, damit er sie erledigt?
- ✔ Welche dieser Aufgaben hat direkten Einfluss auf deine Ziele?
- ✔ Welche Aufgaben bringen dich überhaupt nicht weiter?
- ✔ Wie wichtig sind die Aufgaben auf einer Skala von 1 bis 10?
- ✔ Wenn du nur eine einzige dieser Aufgaben erledigen könntest – welche würdest du auswählen?

Hast du all diese Fragen beantwortet, wird dir deine wichtigste Aufgabe klar sein. Wenn du dich heute nicht mehr darum kümmern kannst, dann lege sie direkt für morgen früh fest und schenke ihr dann deine volle Aufmerksamkeit.

✎ **Aufgabe:**

Finde deinen Frosch für den nächsten Tag! Gehe dazu deine To-do-Liste durch und beantworte dabei die obigen Fragen. Finde so deinen Frosch oder deine Frösche und iss den größten als allererstes.

Not-to-do-Liste

Es ist ein allgemein bekanntes Problem, dass jeder im Besitz einer To-do-Liste mit Vergnügen tut, was nicht darauf steht. Deine Prioritätenliste macht jedoch deutlich klar, was du heute erledigen solltest. Leider haben besonders wir ADHSler die Angewohnheit, unnötige und unproduktive Tätigkeiten vorzuziehen. Wir können nur schlecht Prioritäten setzen und halten vieles für wichtig, was in Wahrheit ganz unten auf der Liste stehen sollte. Statt Karteikarten zu schreiben oder Übungsklausuren zu erledigen, schlafen wir erst einmal aus. Dann telefonieren wir mit dem besten Freund und räumen anschließend unser Zimmer um. Der Schrank sieht neben der Tür nämlich viel besser aus als da, wo er momentan steht. Anschließend schauen wir eine Folge unserer Lieblingsserie und plötzlich ist es 16 Uhr und wir haben noch nichts von der Prioritätenliste erledigt.

Dieses Verhalten lässt sich mit der sogenannten Not-to-do-Liste verringern und langfristig komplett verhindern. Wie der Name schon sagt, ist eine Not-to-do-Liste das Gegenteil einer To-do-Liste. Du schreibst auf, was dich bremst, zurückhält und deine Zeit stiehlt. Mithilfe dieser Liste erkennst du, welche schlechten Verhaltensmuster du entwickelt hast und wirst dir bewusst, welche Beschäftigungen dich ablenken. Zur Erstellung deiner Not-to-do-Liste musst du zunächst alle deine Aufgaben auf ihren Wert hin analysieren. Dabei kannst du drei Kategorien unterscheiden: Aufgaben mit hohem, geringem oder gar keinem Wert. Für deinen Erfolg verantwortlich sind überwiegend Aufgaben mit einem hohen Wert (selten). Routineaufgaben sind dagegen geringwertig (häufig) und Surfen im Internet, Fernsehen und Smartphone sind wertlos (sehr häufig).

Gehen wir das an einem Beispiel durch: Auf deiner To-do-Liste für heute stehen sieben Aufgaben und dein Ziel ist es, für die Klausur in zwei Wochen zu lernen.

Zuerst verschaffst du dir einen Überblick. Karteikarten schreiben, eine Übungsklausur beginnen, Monitor putzen, Sport machen, ein Geschenk aussuchen, den besten Freund anrufen, Blätter einheften. Dann bestimmst du den Wert der Aktivitäten im Hinblick auf dein Ziel. Hoch: Karteikarten schreiben und eine Übungsklausur beginnen. Gering: Blätter einheften, Sport machen. Wertlos: Monitor putzen, ein Geschenk aussuchen, den besten Freund anrufen. Als drittes bestimmst du die Not-to-dos – vermeide Tätigkeiten, die nicht zielführend und somit wertlos sind. Dazu gehören nicht nur die wertlosen Aufgaben von deiner To-do-Liste, sondern auch Smartphone-Nutzung, im Internet surfen, Luftschlösser bauen, Zimmer umstellen. Als nächstes setzt du auch bei deinen Not-to-dos Prioritäten. Welche der wertlosen Aufgaben nehmen am meisten Zeit in Anspruch? Zuletzt schreibst du diese Not-to-dos auf eine Liste, die du an einem Ort aufhängst, an dem du sie ständig siehst – über dem Schreibtisch beispielsweise oder an deinem Spiegel.

Um nicht von zu vielen Not-to-dos überwältigt zu werden, suchst du dir zu Beginn nur eine schlechte Angewohnheit heraus – beispielsweise die zu häufige Smartphone-Nutzung, das sinnlose Surfen im Internet oder das zeitaufwändige Bauen von Luftschlössern. Natürlich gibt es noch weitere schlechte Angewohnheiten, die dich in deiner täglichen Produktivität hemmen. Dazu gehört beispielsweise, morgens die Snooze-Taste zu betätigen, zu lange am Stück oder müde zu lernen und perfektionistisch zu sein. Sobald du diese schlechte Gewohnheit abgelegt hast, suchst du dir eine neue und setzt diese auf deine Not-to-do-Liste.

✎ Aufgabe:

Erstelle eine Not-to-do-Liste und lege eine Tätigkeit fest, die für dich ab sofort tabu ist! Orientiere dich dabei an den fünf Schritten. Hänge deine Not-to-do-Liste über den Schreibtisch oder an einen anderen Ort, wo du sie gut sehen kannst. Aktualisiere deine Liste regelmäßig.

Zusammenfassung

In der folgenden Übersicht habe ich die fünf Methoden für die richtige Prioritätensetzung noch einmal für dich zusammengefasst. Erinnerst du dich an alle Konzepte? Hast du die Aufgaben schon erledigt?

Zeitkonto

Mithilfe eines Zeitkontos findest du heraus, wie viel Zeit dir für die Erledigung deiner Aufgaben pro Tag zur Verfügung steht und kannst so deine Prioritäten besser einordnen.

Pareto-Prinzip

Das Pareto-Prinzip besagt, dass nur 20 Prozent deiner Aufgaben so wichtig sind, dass sie dir 80 Prozent deines Erfolges bringen werden. Wenn du diese 20 Prozent findest, wirst du schneller und effizienter an dein Ziel kommen.

ABC-Analyse

Mithilfe der ABC-Analyse kannst du deine Aufgaben in drei einfache Kategorien einteilen – was muss, was soll und was kann getan werden? So priorisierst du deine To-do-Liste.

Eat-the-frog-Methode

Anhand der Eat-the-frog-Methode findest du die wichtigste und schwierigste Aufgabe auf deiner To-do-Liste und erledigst diese morgens als erste.

Not-to-do-Liste

Die Not-to-do-Liste hilft dir dabei, schlechte Angewohnheiten zu identifizieren und abzulegen. Jetzt kannst du dich dauerhaft auf deine Prioritäten konzentrieren.

KAPITEL

3

KLARE STRUKTUREN SCHAFFEN

Einleitung

Dank der ersten beiden Kapitel hast du jetzt klare Ziele vor Augen und eine gute Prioritätenliste ausgearbeitet. Deine To-dos für heute sind klar. Doch wann genau willst du deine Aufgaben erledigen und deine Ziele in Angriff nehmen? Direkt nach dem Aufstehen? Oder lieber erst um 11:15 Uhr? Oder doch besser zwischen deinen Terminen am Nachmittag? Irgendwann am Tag musst du schließlich auch essen, hast andere Verpflichtungen oder möchtest deine Freunde treffen. Die beste Lösung, um hier den Überblick zu behalten und möglichst viel zu schaffen, ist eine Tagesplanung – am besten mithilfe eines Kalenders.

Mit einer klaren Struktur kannst du deine Energie besser auf den Tag verteilen und zudem die Dauer einer Aufgabe richtig einschätzen. Denn egal, ob du für ein To-do fünf oder zehn Minuten einplanst: Je nach Tagesform kann sich diese Zeitspanne sehr kurz oder auch übermäßig lang anfühlen. Ein Problem, welches besonders ADHSler vor große Zeitmanagementprobleme stellt. Wir haben ein anderes Lebenstempo und unsere innere Uhr tickt anders als bei „normalen" Menschen. Darüber hinaus vergessen wir oft Termine und Fristen, wenn wir mit einer anderen Sache beschäftigt sind. Doch nicht nur das: Viele ADHSler haben finanzielle Probleme, weil sie gerne alles Mögliche kaufen, ihre Ausgaben aber nicht im Blick haben. Gegenstände und wichtige Unterlagen werden regelmäßig verlegt, sodass die Suche danach viel Zeit beansprucht. All das bekommst du mit ein klein wenig Planung in den Griff.

Unordnung und schlechte Planung sind oftmals ein großes Hindernis für einen geregelten Alltag. Dieses Problem werden wir in diesem Kapitel gemeinsam lösen. Die Techniken, die ich dir zeige, werden deinen Alltag strukturieren und dir einen Rahmen bieten. Oftmals führt dieser auch zu einer hilfreichen inneren Struktur.

Zuerst zeige ich dir, wie du deine Termine managen kannst. Dazu sehen wir uns an, wie dein Kalender aufgebaut sein sollte und wie du Fristen, Termine und Zeiträume geschickt einträgst. Danach erfährst du, was Task Chunks sind und wie du sie nutzen kannst, um deine Tage effektiver zu strukturieren. Außerdem lernst du Time Boxing kennen, ein System, mit dem du es endlich schaffst, Aufgaben rechtzeitig zu erledigen und Fristen einzuhalten. Im Anschluss zeige ich dir, warum Pufferzeiten unerlässlich für ein gutes Zeitmanagement sind. Somit kommst du nie wieder zu spät zu einem Termin und gestaltest deinen Alltag viel entspannter. Abschließend lernst du, warum Deadlines eines der mächtigsten Instrumente für einen produktiven und strukturierten Alltag sind – und wie du sie stressfrei einsetzen kannst. Fast ganz ohne Druck.

★ **Methoden in diesem Kapitel:**

- ✔ Terminkalender
- ✔ Task Chunks
- ✔ Time Boxing
- ✔ Pufferzeiten
- ✔ Deadlines

Terminkalender

Menschen mit ADHS haben sehr häufig Schwierigkeiten damit, Termine zu vergeben, Fristen im Kopf zu behalten und feste Zeiten einzuhalten. Während andere es oft schaffen, sich daran zu erinnern, wann wo welche Veranstaltung stattfindet und auch keine Adressen vergessen, ist das bei uns ein Ding der Unmöglichkeit. Es sei denn, wir interessieren uns außergewöhnlich stark für ein Ereignis – dann bleiben uns Termin, Datum und Ort im Gedächtnis. Doch besonders häufig ist das nicht der Fall. Auf diese Weise stolpern wir durch unser Leben, kommen zu spät oder sind zur falschen Zeit am falschen Ort. Wie kannst du das verhindern? Ganz einfach: mit einem gut organisierten Kalender.

Ein Kalender kann digital oder analog geführt werden, wobei beide Varianten ihre Vor- und Nachteile haben. Digitale Lösungen, wie beispielsweise der Kalender von Google, haben den Nachteil, dass sie de facto nicht dir gehören. Deine Daten werden von fremden Unternehmen gesammelt und verwaltet. Außerdem bist du davon abhängig, dass die entsprechende Software oder App weitergeführt wird. Ein großer Vorteil ist jedoch, dass die Termine online gespeichert werden und von jedem Handy, Computer oder Tablet aus abgerufen werden können. Für uns ADHSler, die häufig ihre Unterlagen verlieren, ist das optimal. Ein weiterer Vorteil besteht in der Flexibilität beim Eintragen. Du kannst Termine verschieben, kopieren, markieren, verändern, ergänzen und vieles mehr. Zudem kannst du hier Einträge über die Suchfunktion finden, wenn du nicht mehr genau weißt, ob und wann du einen Termin vereinbart hast. Ein analoger, physischer Kalender hat hingegen den großen Vorteil, dass er dir gehört und ein handfestes Organisationswerkzeug darstellt. Du prägst dir die Termine durch das händische Aufschreiben oft besser ein, denn unsere Merkfähigkeit und die Verschriftlichung von Informationen hängen eng miteinander zusammen. Ob du für dich einen analogen oder digitalen Kalender verwenden möchtest, bleibt vollkommen dir überlassen.

Beim Führen eines Kalenders ist es wichtig, dass du wirklich ALLES einträgst – also auch Mahlzeiten, Telefonate, Trainingszeiten und so weiter. Wenn es dir hilft, kannst du Termine in verschiedenen Farben markieren oder Buchstabenkürzel als Erkennungszeichen verwenden. Mahlzeiten können beispielsweise grün, Abgabefristen und Klausurtermine rot und Telefonate gelb gekennzeichnet werden. Auch die Öffnungszeiten des Fitnessstudios oder des Zahnarztes kannst du dort eintragen, sodass du nicht immer im Internet nachsehen musst. Wenn du einen Termin vereinbarst, schreibe dir die Telefonnummer und Adresse direkt dahinter, sodass du bei einer Verspätung oder Absage nicht mühsam in deinen Unterlagen nachzusehen brauchst. Notiere dir auch, ob du etwas zu deinem Termin mitbringen musst (Bewerbungsunterlagen, Krankenversicherungskarte, Sportzeug etc.) oder ob sonstige Besonderheiten zu berücksichtigen sind.

Wenn du alle Termine, Angaben und Zeiten an einem Ort einträgst, verpasst du nie wieder eine Frist und vermeidest Überschneidungen. Du musst beim Zahnarzt nicht überlegen, ob du für einen neuen Termin in drei Monaten Zeit hast und falls ja, ob vormittags oder nachmittags. Du schaust in deinem Kalender nach, siehst: „Oh, nachmittags schreibe ich eine Klausur, also kann ich höchstens vormittags," und richtest deine Planung danach aus. Ohne großes Hin und Her – und ohne späteres Vergessen. Bei einem digitalen Kalender kannst du zudem Erinnerungen für Termine einstellen, sodass du im Vorfeld eine Benachrichtigung bekommst. Das System erinnert dich dann wahlweise einen Tag, einige Stunden oder ein paar Minuten vorher per E-Mail oder Push-Benachrichtigung daran, dass du gleich einen Termin hast.

✎ **Aufgabe:**

Besorge dir einen Kalender und lege ein Terminmanagementsystem an! Suche alle deine Termine aus sämtlichen Lebensbereichen heraus und trage sie in dein neues System ein. Notiere Zusatzinformationen, sodass sie auf einen Blick verfügbar sind.

Task Chunks

Es wird immer Zeiten in deinem Leben geben, in denen du sehr viel zu tun hast – zum Beispiel vor und während der Prüfungsphase. Deine To-do-Liste wächst immer weiter, bis du nicht mehr weißt, wie du über dieses Aufgabenchaos den Überblick bekommen sollst. Hierbei hilft dir das Konzept der Task Chunks. Task Chunks sind Aufgabenblöcke, die aus ähnlichen oder vergleichbaren Aufgaben bestehen, die du am Stück abarbeiten kannst. Wenn du zum Beispiel erst Karteikarten schreibst, dann einen Text liest, anschließend ein paar Übungsaufgaben erledigst und wieder zu Karteikarten wechselst, musst du dich mit jedem Übergang in eine neue Arbeitsweise eindenken. Im schlimmsten Fall gehört jeder dieser Punkte zu einem anderen Fach, sodass du immer wieder aufs Neue überlegen musst, wo du mit deiner neuen Aufgabe ansetzen sollst. Mithilfe von Task Chunks ersparst du dir die Übergangszeiten, da du analog zu oben erst alle Karteikarten erstellst, dann den Text liest und dich anschließend um die Übungsaufgaben kümmerst.

Wir ADHSler neigen dazu, schnell den Überblick über unsere To-dos zu verlieren und uns von ihnen überwältigt zu fühlen. Alles strömt auf uns ein und wir wissen nicht, wo wir anfangen sollen. Also lassen wir entweder alles liegen und lassen uns ablenken oder fangen irgendwo an. Das sind keine Optionen, wenn du wirklich produktiv lernen und viel schaffen möchtest. Für genau diesen Fall sind Task Chunks eine hervorragende Technik.

So bildest du eigene Task Chunks: Zunächst notierst du alle Lernaufgaben. Du musst dabei keine bestimmte Ordnung beachten, schreibe einfach auf, was bereits auf deiner To-do-Liste steht und ergänze die Punkte, die dir außerdem noch einfallen. Dazu gehören sowohl „Thema X lernen“ als auch „zwei Karteikarten für Fach Y schreiben“. Anschließend sortierst du die Aufgaben. Dabei kannst du verschiedene Kategorien verwenden, beispielsweise Lerngebiete, Aufgabenart oder benötigte Konzentration. Bei Lerngebieten kannst du zwischen einzelnen Fächern unterscheiden, bei Aufgabenart zwischen Karteikarten schreiben, Texte lesen oder Übungsaufgaben erledigen. Mit „benötigter Konzentration“ meine ich, dass es einige Aufgaben gibt, die du auch erledigen kannst, wenn du unkonzentriert und müde bist. Manche Menschen können in diesem Zustand immer noch sehr gut Karteikarten schreiben, andere sind auch müde und unkonzentriert noch in der Lage, einfache Übungsaufgaben zu erledigen. Sortiere deine Aufgaben nach diesen Kategorien und notiere die sich daraus ergebenden Aufgabenblöcke. Diesen Prozess der Blockbildung kannst du dir im Prinzip so vorstellen:

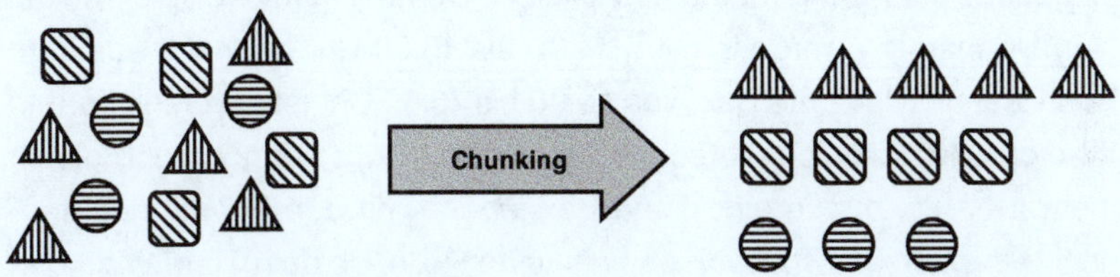

Das Chunking verwandelt eine unsortierte Aufgabensammlung in geordnete Blöcke. Diese Klassifizierung erleichtert dir nicht nur das Lernen – es steigert zudem auch die Übersichtlichkeit und hilft so, deine To-do-Liste schneller abzuarbeiten. Die Task Chunks trägst du jetzt in deinen Terminkalender ein, damit du genau weißt, wann du welchen Task Chunk bearbeiten wirst.

✎ Aufgabe:

Sortiere die anstehenden Aufgaben sinnvoll nach Kategorien und erstelle Task Chunks! Lege für jedes Aufgabenbündel einen Termin fest und beginne mit der Erledigung der ersten Aufgabe.

Time Boxing

Während dir Task Chunks dabei helfen, deine Aufgaben in Kategorien einzuteilen und deine To-do-Liste zu segmentieren, kannst du mit Time Boxing deinen Kalender strukturieren. Die beiden Methoden sind einander sehr ähnlich, unterscheiden sich jedoch in einem Punkt maßgeblich: der zeitlichen Ebene. Während du bei den Task Chunks erst Aufgabenblöcke erstellst und dann in den Kalender einträgst, verhält es sich mit dem Time Boxing genau umgekehrt. Beim Time Boxing legst du einen festen Zeitraum in deinem Kalender fest und kümmerst dich in dieser Dauer um genau eine Aufgabe. Du bestimmst beispielsweise: „Am Donnerstag werde ich von 14:00 bis 15:00 Uhr Kapitel 3 aus dem Buch lesen." Die „Time Box" von 14:00 bis 15:00 Uhr ist ein fester Termin für dich und darf nicht verschoben werden. Profis können auch gleich mehrere Aufgaben in eine Time Box legen – für den Anfang reicht jedoch ein wichtiges To-do. Es spielt keine Rolle, ob dein Time Boxing in Blöcken von 30 Minuten, einer Stunde oder drei Stunden organisiert ist. Deine Aufgaben müssen in dieser Zeit nur gut machbar sein. Alternativ bestimmst du Teilaufgaben.

Um erfolgreich mit Time Boxing arbeiten zu können, solltest du folgende Schritte befolgen: Zunächst legst du die zu bearbeitenden Aufgaben fest. Das können große Aufgaben (zehn Seiten lesen, dazu Notizen machen und eine Zusammenfassung schreiben) oder auch kleine (fünf Karteikarten schreiben) sein. Danach überlegst du, wie viel Zeit du für jede Aufgabe benötigen wirst. Rechne zusätzlich noch einen zeitlichen Puffer hinzu. Wenn du also denkst, dass du für die zehn Karteikarten eine halbe Stunde Zeit benötigst, dann reserviere lieber 45 oder sogar 60 Minuten. Jetzt nimmst du deinen Kalender und trägst die Zeiteinheiten so ein, dass sie einander nicht überschneiden und du dazwischen eine kleine Pause einlegen kannst. Ausgehend von deinem Stundenplan könnte deine Woche dann so aussehen:

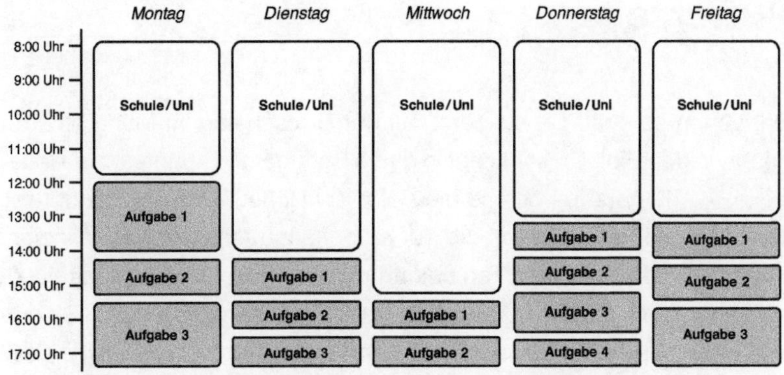

Nachdem du deine täglichen Verpflichtungen eingetragen hast, organisierst du den restlichen Tag mit festen Einheiten. Je nach Auslastung können das unterschiedlich viele und verschieden lange Zeiteinheiten sein. Wichtig ist nur, dass du diese Zeitfenster planst und ihnen konkrete Aufgaben zuordnest. So sorgst du für Struktur und hast zu jeder Zeit den Überblick, wann du dich um welche Aufgabe kümmern wirst.

Mithilfe des Time Boxing vermeidest du, dass eine Aufgabe unnötig lange dauert, denn du weißt schon vorher, dass du einen zeitlichen Rahmen einhalten musst. Du strukturierst deinen Kalender und hast so eine effiziente und übersichtliche Zeitplanung für die heute oder im Laufe der Woche noch anstehenden Aufgaben. Wenn etwas wirklich Dringendes deine Planung durchkreuzt, kannst du eine Time Box einfach verschieben und die Arbeit zu einem späteren Zeitpunkt erledigen.

✎ Aufgabe:

Strukturiere deinen Kalender mit Time Boxing! Bestimme jetzt sofort drei Zeitfenster, die du in deinen Kalender einträgst. Arbeite mit voller Konzentration an dieser einen Aufgabe und halte die Zeitvorgabe ein.

Pufferzeiten

Oh, schon so spät! Du stolperst mit der Brotscheibe im Mund aus der Küche in den Flur. Du schlüpfst in deine Schuhe und sprintest zur Haltestelle, wo du gerade noch so die Bahn erwischst – aber auch nur, weil dir ein freundlicher Mensch die Tür aufgehalten hat. Diese Hektik zieht sich durch den gesamten Tag und abends kommst du völlig ausgelaugt zurück nach Hause, wo dir auffällt, dass du noch eine knappe Stunde hast, bis deine Freunde zum Filmabend vorbeikommen. Ähnliche Szenarien spielen sich bei vielen ADHSlern immer wieder ab. Schlechte Zeitplanung führt dazu, dass du ständig spät dran bist und dich abhetzen musst. Auf Dauer kann ein solches Verhalten stressbedingte Krankheiten wie beispielsweise Bluthochdruck, Schlafstörungen, Verspannungen oder Magenschmerzen verursachen. Mit ein klein wenig Planung lässt sich das jedoch verhindern.

Dazu ein kleines Beispiel: Angenommen, du willst für eine Klausur lernen. Dafür musst du eine Zusammenfassung schreiben, 20 Karteikarten lernen und drei große Übungsaufgaben lösen. Für die Zusammenfassung hast du zwei Stunden geplant, für die Karteikarten eine Stunde und für die drei Übungsaufgaben jeweils eine halbe Stunde. Wenn du diese Aufgaben alle hintereinander in den Terminkalender eingetragen hast (Abbildung links), muss nur eine von ihnen etwas länger dauern oder schneller erledigt sein – und dein gesamter Tagesplan gerät durcheinander.

Die Lösung für diese Problematik heißt Pufferzeiten. Hierbei handelt es sich um kleine Zeitfenster, die du als „Puffer“ zwischen deine festen Termine oder Aufgaben legst. Sollte es zu Verzögerungen kommen oder etwas Unerwartetes passieren, kannst du diese Abweichungen mit den zeitlichen Puffern auffangen und trotzdem deine nächsten Termine einhalten oder Aufgaben wahrnehmen. Wie das aussehen kann, zeigt dir die folgende Abbildung. Auf der linken Seite siehst du beispielhaft einen Tagesplan ohne Pufferzeiten. Eine Aufgabe reiht sich unmittelbar an die nächste. Auf der rechten Seite ist hingegen eine Planung mit Pufferzeiten dargestellt. Deine Aufgaben und Termine folgen nun nicht mehr direkt aufeinander, sodass du kleine Verschnaufpausen einlegen oder auf Unerwartetes reagieren kannst.

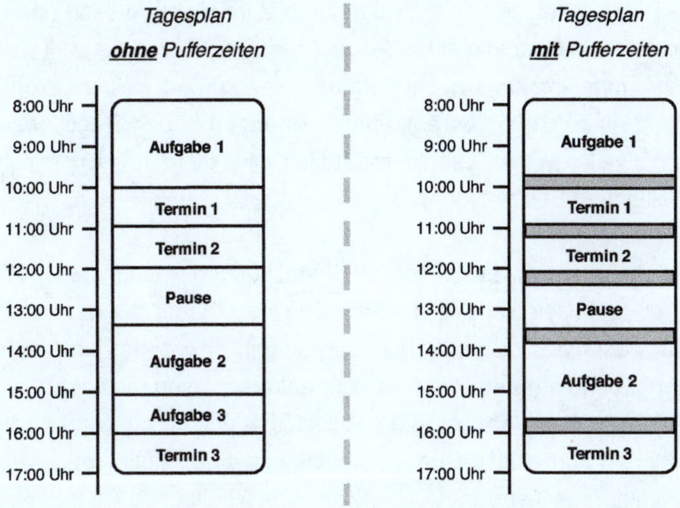

Pufferzeiten sorgen dafür, dass du deinen Tag nicht überlädst. In der Abbildung oben rechts fällt Aufgabe 3 zum Beispiel weg. Dafür kannst du jedoch entspannter und flexibler durch den Tag gehen. Du hast dann mehr Ruhe, weil du weißt, dass du nicht auf die Minute genau mit einer Aufgabe fertig sein musst. Schaffst du sie in kürzerer Zeit, kannst du bereits mit der nächsten Aufgabe anfangen oder deine Pause verlängern. Am Anfang mag es übertrieben erscheinen, so viel Pufferzeit einzurechnen, doch diese Vorgehensweise kann dein Leben revolutionieren.

✎ Aufgabe:

Integriere Pufferzeiten in deinen Kalender! Plane vor und nach jedem Termin einen soliden Zeitpuffer ein. Markiere deine Pufferzeiten deutlich, damit du nicht aus Versehen Termine in diese Zeiten legst.

Deadlines

Deadlines. Manche hassen sie, manche lieben sie. Sie sind machtvoll und frustrierend zugleich. Machtvoll, weil sie dich dazu zwingen, konzentriert und fokussiert zu arbeiten. Du bist im Hier und Jetzt und setzt alles daran, die Deadline einzuhalten. Frustrierend sind sie, weil sie sich dir erbarmungslos nähern, selbst dann, wenn du auf deinem Weg zum Ziel nicht einen Schritt vorankommst. Dennoch haben Deadlines eine hohe Motivationskraft: Selbstverständlich willst du rechtzeitig fertig werden, willst dein Bestes geben.

Diese Zugkraft entfaltet sich leider oft erst kurz vor Ablauf der Deadline. Wenn du zum Beispiel zwei Monate Zeit zum Lernen für eine wichtige Klausur hast, wirst du mit hoher Wahrscheinlichkeit erst kurz vor dem Prüfungstermin mit der Vorbereitung beginnen. Denn jetzt zählt es, der Druck formt deine Konzentration. Auf einmal bist du motiviert und sitzt tagelang am Schreibtisch, um bis zur Deadline das Optimum herauszuholen. Hinterher bist du jedoch völlig abgearbeitet. Du gehst auf dem Zahnfleisch, bist müde und frustriert, da alles wieder auf den letzten Drücker erledigt wurde.

Ein bekannter Forscher namens Cyril Parkinson entdeckte die folgende Gesetzmäßigkeit: „Eine Aufgabe dehnt sich in genau dem Maß aus, wie Zeit für ihre Erledigung zur Verfügung steht.“[8] Das bedeutet, dass es egal ist, wie viel Zeit du für eine Aufgabe einplanst – du wirst sie in der zur Verfügung stehenden Zeit erledigen. Das können zwei Tage, zwei Wochen oder auch zwei Monate sein. Der Unterschied besteht darin: Beträgt deine Deadline zwei Monate, wirst du zuerst viel Zeit vertrödeln und erst am Ende Gas geben. Bei einer sehr kurzen Deadline von beispielsweise zwei Tagen, musst du hingegen von der ersten Minute an fokussiert arbeiten.

Den größten Nutzen ziehst du aus dieser Regel, indem du viele kleine, künstliche Deadlines setzt. Beim Beispiel „Lernen für eine Klausur“

könnte das so aussehen: Angenommen, deine Klausur findet am 31. Juli statt und heute ist der 15. Mai – dir bleiben also knappe zweieinhalb Monate. In dieser Zeit musst du alle Texte und Lernmaterialien sammeln, sortieren und *lernen*. Du musst herausfinden, welche Themen du gut beherrschst und welche du wiederholen musst. Karteikarten schreiben, Übungsaufgaben lösen, dich mit deinen Freunden zum Lernen treffen: All diese Aufgaben stehen dir jetzt bevor. Das ist ein großer Berg – und die einzige Frist ist der Klausurtermin am 31. Juli.

Um für eine produktivere und motivierende Struktur zu sorgen, wandelst du diese große Deadline nun in viele kleine Einzel-Deadlines um. Dazu unterteilst du zunächst die großen Aufgaben in viele kleine. „Lernen für eine Klausur" könnte sich zum Beispiel so aufgliedern:

- ✔ Aufschreiben, welche Themen abgefragt werden (bis 16.05.)
- ✔ Übungsaufgaben im Internet oder in Büchern suchen (bis 23.05.)
- ✔ Übungsaufgaben lösen und Wissenslücken finden (bis 30.06.)
- ✔ Wissenslücken auffüllen und mit Freunden lernen (bis 15.07.)
- ✔ Wiederholen (bis 25.07.)
- ✔ Puffer (bis 31.07.)

Hauptsache, die Deadlines machen dir Druck und treiben dich an. Um ihre Wirkung noch zu verstärken, kannst du dir Konsequenzen ausdenken, die dir bei dem Verpassen der Frist drohen.

✎ **Aufgabe:**

Setze Deadlines für deine To-do-Liste ein und weise jeder Aufgabe eine verbindliche Frist zu! Wandle, wenn nötig, eine große Deadline in viele kleine Deadlines um. Formuliere diese Aufgabe schriftlich und weise ihr dann eine zeitnahe, aber realistische Deadline zu. Fang damit noch heute an.

Zusammenfassung

In der folgenden Übersicht habe ich die fünf Methoden, die für klare Strukturen sorgen, noch einmal für dich zusammengefasst. Erinnerst du dich an alle Konzepte? Hast du die Aufgaben schon erledigt?

Terminkalender

Schaffe dir einen Kalender an und trage dort alle Termine und Aufgaben (mit Zusatzinformationen) ein. So bekommst du einen umfassenden Überblick über deine Verpflichtungen.

Task Chunks

Mithilfe von Task Chunks kannst du deine Aufgaben in Kategorien einteilen und diese im Anschluss in effizienten Blöcken abarbeiten. Damit entfallen Übergangszeiten und du sparst viel Zeit und Kraft.

Time Boxing

Mit Time Boxing kannst du einen klaren zeitlichen Rahmen für deine Aufgaben festlegen. In diesen Zeiten erledigst du ausschließlich die Aufgaben, die dafür vorgesehen sind.

Pufferzeiten

Wenn du Pufferzeiten in deinen Kalender einträgst und beachtest, kommst du nie wieder zu spät und ersparst dir viel Stress und Eile.

Deadlines

Dank der Macht künstlicher Deadlines kannst du deine Aufgaben rechtzeitig, zielgerichtet und konzentriert erledigen. Konsequenzen für nicht eingehaltene Deadlines verstärken diese Methode noch.

KAPITEL

4

PRODUKTIVE ARBEITSATMOSPHÄRE HERSTELLEN

Einleitung

Die Organisation deines Arbeitsplatzes ist mindestens genauso wichtig wie die bereits erarbeitete Strukturierung deiner Aufgaben. Nur, wenn du eine produktive Arbeitsatmosphäre herstellst, kannst du konzentriert lernen. Du brauchst einen Arbeitsplatz, der es dir ermöglicht, ohne Ablenkungen zu arbeiten – es darf also kein Chaos auf dem Schreibtisch herrschen. Ist deine Umgebung hingegen chaotisch und der Schreibtisch zugemüllt, wird es dir sehr schwerfallen, deinen Fokus zu finden und zu behalten. Das Furby, das du von deiner kleinen Cousine geschenkt bekommen hast, der Bilderrahmen mit wechselnden Bildern aus dem Urlaub und der große Geschirrstapel – all das hat auf deinem Schreibtisch nichts zu suchen.

Wenn du dir die Schreibtische berühmter Personen ansiehst, findest du sowohl kontrolliertes Chaos (beispielsweise bei Albert Einstein) als auch leere, sehr ordentliche Schreibtische (wie bei Joanne K. Rowling). Ob du mit einem komplett leeren Schreibtisch besser lernen kannst oder für dich eine sortierte Unordnung bevorzugst, musst du ausprobieren und herausfinden. Wichtig ist jedoch eines: Auf deinem Schreibtisch sollten nur die Dinge zu finden sein, die du jetzt brauchst – egal, was das ist.

Ein weiteres Hindernis für eine produktive und konzentrierte Arbeitsatmosphäre ist Lärm. Der Esszimmertisch mag größer als dein eigener Schreibtisch sein und die Couch bequemer als dein Schreibtischstuhl – aber der Preis für diese Bequemlichkeit ist zu hoch. Wenn du in einer Wohngemeinschaft lebst, dann halte dich zum Lernen nicht in einem Gemeinschaftsraum auf. Doch ein produktiver Arbeitsplatz muss noch weitere Kriterien erfüllen, damit du so schnell wie möglich anfangen kannst zu lernen und deiner Konzentration nichts im Wege steht. Darüber sprechen wir in diesem Kapitel.

Zuerst erfährst du, warum ein aufgeräumter und sauberer Schreibtisch die Grundlage für eine optimale Arbeitsatmosphäre bildet. Danach erkläre ich dir, wie du die richtige Beleuchtung für deinen Arbeitsplatz findest. Anschließend lernst du, warum Fidget Tools für ADHSler sehr wichtig sein können und wie sie dir dabei helfen, konzentriert zu lernen. Als Nächstes stelle ich dir einige Lebensmittel vor, die als Brain Food gelten. Sie liefern deinem Gehirn und Körper wichtige Brenn- und Baustoffe, mit denen du besser denken und lernen kannst. Zum Abschluss gebe ich dir einige Tipps, wie du auch im hektischen Alltag Ablenkung vermeiden kannst und Ruhe findest.

★ **Methoden in diesem Kapitel:**

- ✔ Schreibtisch aufräumen
- ✔ Beleuchtung
- ✔ Fidget Tools
- ✔ Brain Food
- ✔ Ruhe

Schreibtisch aufräumen

„Das Genie beherrscht das Chaos“. Eine gängige und weithin bekannte Aussage, die gerade für ADHSler eine Rechtfertigung darstellt, den eigenen Schreibtisch nicht aufzuräumen. Es mag ein wenig dauern, aber am Ende haben wir das Gesuchte in der Hand. Außerdem ist der Rektor der psychologischen Hochschule Berlin[9] der Auffassung, dass ein chaotischer Schreibtisch die Kreativität fördere. Warum solltest du ihn dann aufräumen?

Der Grund dafür ist einfach: In einer sauberen und ordentlichen Umgebung fällt es unserem Gehirn leichter, klar und strukturiert zu denken. Ein völlig zugestellter Schreibtisch, auf dem sich Papiere, altes Geschirr, Post-its und Dekorationsgegenstände stapeln, ist nicht gut zum Lernen geeignet – erst recht nicht für uns ADHSler. Je weniger Ablenkungsmöglichkeiten wir haben, desto mehr ist unserem Gehirn bei der Suche nach Fokus und Konzentration geholfen. Das Foto von Oma und der Bilderrahmen mit wechselnden Motiven sind sicherlich eine schöne Dekoration und erinnern uns an liebe Menschen oder tolle Orte – aber zum fokussierten Lernen ist dieses Umfeld nicht geeignet.

Als ersten Schritt zu einem ordentlichen Schreibtisch räumst du ihn leer und wischst die Oberfläche ab. Beseitige nun Staub, Radiergummireste und andere Verunreinigungen. Dann stellst du nur zurück, was du für den nächsten Arbeitsschritt brauchst. Dazu zählen Arbeitsmittel wie Maus, Tastatur, Stift und Papier, aber auch aufgabenspezifische Hilfsmittel. Du schreibst aktuell an einem Text für die Schule oder Uni? Dann sind nur die entsprechenden Bücher, Mitschriften und der Computer dazu nötig. Du lernst für eine Klausur? Je nach Lernmethode brauchst du Platz, um Lernunterlagen, Bücher und Karteikarten auszubreiten. Wenn du den Laptop oder Computer nicht brauchst, stell ihn beiseite oder ganz vom Tisch, sodass keine Ablenkung droht und du mehr Platz auf dem Tisch hast. Stell dir ruhig ein Glas Wasser oder eine Thermoskanne mit Tee bereit – was auch immer du gerne trinkst. Es dürfen auch Snacks wie eine Schüssel mit Studentenfutter oder Ähnlichem auf dem Tisch stehen.

Sobald du mit einem Arbeitsschritt fertig bist, räumst du alles, was du nicht mehr brauchst, an seinen jeweiligen Platz. Arbeitsblätter und Notizen in die jeweiligen Ordner, Bücher ins Regal, Geschirr in die Küche, Stifte in den Organizer oder die Schublade etc. Jeder Gegenstand braucht einen festen Ort, an dem du ihn jederzeit findest. Dinge, die nicht funktionieren oder leer sind, gehören in den Müll – das gilt auch für deinen Lieblingskugelschreiber, für den du keine Mine mehr findest.

Auf oder unter manchen Schreibtischen findet man einen regelrechten Kabelsalat – Bildschirm, Computer, Lampen und Lautsprecher benötigen Kabel. Diese nehmen entweder Platz auf dem Schreibtisch weg oder du verhedderst dich mit deinen Füßen darin. Investiere in eine Vorrichtung, die du unter die Schreibtischplatte klemmen oder schrauben kannst, und in der die Kabel verschwinden. Auch ein mechanischer Arm oder ein Stativ für den Monitor verschaffen dir Platz, da du den Raum darunter ebenfalls nutzen kannst.

Zusätzlich solltest du jeden Tag nach Beendigung der letzten Aufgabe den Schreibtisch ein letztes Mal aufräumen, sodass du dich morgens wieder an einen sauberen und geordneten Arbeitsplatz setzen kannst. Dein Schreibtisch steht nun permanent zum Lernen bereit – und das mit nur wenigen Minuten Zeitaufwand pro Tag.

✎ **Aufgabe:**

Räume deinen Schreibtisch radikal auf! Wirf weg, was in den Müll gehört, sortiere Papiere in entsprechende Ordner, räum das Geschirr in die Küche und so weiter. Überlege, was du geschickter anordnen oder installieren könntest und setze deine Ideen direkt um.

Beleuchtung

Wenn du konzentriert und fokussiert lernen möchtest, solltest du auf die richtige Beleuchtung deines Arbeitsplatzes achten. Viele unterschätzen, welchen Unterschied die richtigen Beleuchtungseinstellungen gerade für uns ADHSler machen. Sie helfen entscheidend dabei, unseren Fokus nachhaltig zu verbessern. Unsere Schlaf- und Wachzeiten werden maßgeblich von zwei Hormonen bestimmt: Serotonin (das „Wachhormon") und Melatonin (das „Schlafhormon"). Das Tageslicht ist wesentlich für die Produktion und Aktivierung dieser Hormone verantwortlich. Morgens stoppt unser Körper die Melatoninausschüttung und wir wachen auf. Tagsüber wird Serotonin ausgeschüttet, bis abends erneut die Melatoninproduktion beginnt. Wir werden müde und gehen ins Bett.

Dieser Vorgang funktioniert aber nur richtig, wenn wir Tageslicht bekommen, was vor allem aus blauen Lichtwellen besteht und am intensivsten in der Mittagssonne vorkommt. Eine Lichtfarbe von ca. 5000 Kelvin und 400 bis 500 Lux (Lichtstrom, der auf ein beleuchtetes Objekt trifft), fördert die Konzentration am stärksten.[10] Zudem führt diese Lichteinstrahlung dazu, dass du in der darauffolgenden Nacht tiefer, besser und länger schlafen kannst. Künstliches Licht hingegen führt zu einer vermehrten Cortisolausschüttung. Dabei handelt es sich um ein Stresshormon, das für schnelleren Atem, höheren Blutdruck und höhere Muskelspannung sorgt. Im Straßenverkehr oder auf dem Sportplatz ist das von großem Vorteil, beim Lernen jedoch nicht.

Genug Fachchinesisch. Was du dir merken solltest: Möchtest du über längere Zeiträume hinweg konzentriert und aufmerksam arbeiten, solltest du deinen Schreibtisch geschickt platzieren. Achte darauf, dass du viel Tageslicht bekommst. Das heißt, er sollte nach Möglichkeit in der Nähe eines Fensters stehen, sodass das Licht von der Seite einfällt und nicht direkt in die Augen scheint. Wenn du Linkshänder bist, sollte das Licht von rechts kommen, bist du Rechtshänder, dementsprechend von links. Gibt es keine Möglichkeit, den Schreibtisch in Fensternähe zu positionieren, eignet sich eine Tageslichtlampe sehr gut, um das Sonnenlicht zumindest annähernd zu simulieren. Idealerweise kaufst du dir eine Lampe mit Wandhalterung, sodass das Licht zur Wand zeigt und von dieser in den Raum abstrahlt – so ist die Bestrahlung nicht zu intensiv.

Wenn es auf den Abend zugeht, muss der Blaulichtanteil sämtlicher Beleuchtungsquellen reduziert werden, damit der Melatoninproduktion nichts im Wege steht (siehe oben). Hierfür kannst du die Lichttemperatur verringern (auf ca. 3000 Kelvin) und Blaulichtfilter am Computer, Tablet und Handy installieren. Die App *f.lux* ist für den Computer sehr gut geeignet, für das Handy und Tablets gibt es die App *Twilight*. Beide sind kostenlos und effektiv. Alternativ kannst du dir auch eine Blaulichtfilterbrille kaufen, diese ist ebenso wirksam.

Welche Beleuchtungsquelle auch immer du wählst, achte darauf, dass sie nicht flackert und dass sie dir nicht direkt in die Augen oder auf den Monitor scheint. Nach Möglichkeit solltest du auch dafür sorgen, dass deine Schreibtischoberfläche eher dunkel und nicht reflektierend ist. Eine helle Oberfläche sorgt für einen höheren Lichteinfall in die Augen, was die Sehkraft deutlich und nachhaltig beeinträchtigt und zu Kopfschmerzen und verminderter Konzentrationsfähigkeit führen kann.

✎ **Aufgabe:**

Richte die Beleuchtung an deinem Arbeitsplatz so ein, dass du möglichst viel Tageslicht bekommst! Platziere deinen Schreibtisch geschickt oder kaufe dir eine Tageslichtlampe.

Fidget Tools

Nicht nur der Lichteinfall in deine Augen ist an einer guten Arbeitsatmosphäre beteiligt, sondern auch die Beschäftigung deiner Hände. Wenn Menschen mit ADHS über längere Zeiträume hinweg konzentriert arbeiten wollen, fangen sie automatisch an, etwas mit ihren Händen zu machen. Ich gehöre ebenfalls dazu – mit dem Kugelschreiber klicken, Fingerkneten, Nägelkauen oder an einem Reißverschluss zupfen. Irgendetwas brauchen wir, um unsere Hände beschäftigt zu halten. All das wird im Englischen „fidgeting" genannt.

Im Jahr 2017 gab es sogar einen großen Hype um sogenannte Fidget Spinner – und das, obwohl „Fidget Tools" schon viel länger im Handel erhältlich sind. Pen Spinning, Stressbälle, Fidget Cubes, Knetradiergummi, Kugelschreiber... Jeder Gegenstand, der die Hände beschäftigt, kann verwendet werden. Fidgeting senkt unseren Stresslevel und lindert Angstzustände. Es fördert die Konzentration und lenkt von Tics wie Fingertrommeln, Kuli klicken oder mit den Füßen scharren ab. Das alles sind Dinge, die mit Geräuschen verbunden sind und unsere Umgebung stören. Fidgeting wird auch nachgesagt, dass es die Denkleistung bei ADHSlern fördert, da der Kampf- oder Fluchtreflex unterdrückt wird und die Aufmerksamkeit besser gebündelt werden kann.[11]

Wenn auch du zu Fidgeting neigst, solltest du Fidget Tools von vornherein in deine Arbeitsroutine integrieren. So kannst du deinen inneren Bewegungsdrang steuern und in kontrollierte Bahnen lenken, ohne, dass er dich stört. Zu Hause hast du meistens den Vorteil, dass du aufstehen und umhergehen oder mit den Füßen scharren kannst. Niemanden stört das Klicken deines Kugelschreibers und du kannst jonglieren, ohne jemanden zu treffen. Bei Klausuren, Tests oder in Kursen ist das jedoch nicht der Fall. Um hier deinem Bewegungsdrang nachzugeben, ohne die anderen zu belästigen, ist Fidgeting eine sehr gute Möglichkeit.

Bei sämtlichen Fidget Tools solltest du beachten, dass sie keine Auge-Hand-Koordination erfordern. Fidget Spinner beispielsweise sind in ihrer Grundfunktion einfach: Du balancierst sie zwischen Daumen und Zeige- oder Ringfinger und stößt sie mit den anderen Fingern an, sodass sie sich drehen. Nun verführt dieses ausbalancierte und sich drehende Gerät allerdings zu verschiedenen Kunststücken – und diese brauchen dann deine volle Aufmerksamkeit, sodass deine Gedanken abschweifen. Das ist natürlich nicht optimal, also verschiebe das Erlernen und Vorführen von Kunststücken auf einen späteren Zeitpunkt.

Es gibt viele spezialisierte Webseiten und auch Rezensionen auf YouTube oder Amazon, die sich um die verschiedenen Fidget Tools drehen. Einfache Fidget Tools kosten auch nicht viel – doch wenn du handwerklich begabt bist oder Spaß am Basteln hast, kannst du sicherlich auch ein eigenes Tool kreieren.

Fidget Tools helfen dir also, deine Konzentration zu bündeln und dich zu fokussieren, denn deine Hände sind permanent beschäftigt. Auf diese Weise tragen sie zu einer entspannten Arbeitsatmosphäre bei. Du reagierst nicht mehr auf jeden Reiz von außen und bist ausgeglichener.

✎ **Aufgabe:**

Lege dir ein Fidget Tool zu und integriere es in deinen Lernprozess – und zwar so, dass deine Konzentration nicht darunter leidet! Überlege dir, bei welcher Gelegenheit du am häufigsten einen starken innerlichen oder äußerlichen Bewegungsdrang entwickelst. Muss das entsprechende Tool lautlos sein? Recherchiere und probiere aus, was dir beim Lernen hilft.

Brain Food

In jeder Klausur gibt es jemanden, der Schokolade, Traubenzucker oder Gummibären dabeihat. Warum auch nicht? Stets wird uns gesagt, dass unser Gehirn Energie braucht, um zu funktionieren und dass die Zufuhr von Zucker in Stresssituationen für kurze Zeit konzentrationsfördernd wirken kann. Zudem sind Zucker und Fett einfach lecker – am besten natürlich in der Kombination „Schokolade". Doch ich habe schlechte Nachrichten für dich: Für uns ADHSler sind solche Snacks alles andere als gut.

Das menschliche Gehirn besteht aus mehreren 100 Milliarden Nervenzellen, die alle ernährt und gepflegt werden wollen. Das können wir über unsere Ernährung steuern. Zunächst einmal besteht das Gehirn zu 85 bis 90 Prozent aus Wasser, wir müssen also viel trinken – durchschnittlich mindestens zwei Liter täglich. Darüber hinaus ist unser Denkapparat zu ungefähr 20 Prozent an unserem täglichen Energieverbrauch beteiligt. Um ihn beim Lernen bestens zu unterstützen, können wir unsere Ernährung optimieren. Wir ADHSler reagieren nämlich auf bestimmte Lebensmittel mit mehr Unkonzentriertheit als andere Menschen. Solche „Trigger-Lebensmittel" sollten wir daher meiden. Im Folgenden zeige ich dir die wichtigsten Grundlagen für eine konzentrationsfördernde Ernährung. Wenn du dir unsicher bist, ob diese Ernährung für dich gesund ist, frage bitte erst deinen Arzt – das gilt besonders für Nahrungsergänzungsmittel.

Proteine: Sie dienen zur Bildung von Botenstoffen wie beispielsweise Dopamin oder Serotonin und stabilisieren den Blutzuckerspiegel. Jugendliche und Erwachsene brauchen täglich ungefähr 70 mg pro kg Körpergewicht. Wenn du Sport treibst, brauchst du meistens mehr. Proteine sind unter anderem in Linsen, Huhn, Quark, Joghurt und Thunfisch enthalten.

Fettsäuren: Hier sind vor allem Omega-3-Fettsäuren gemeint, denn diese können wir Menschen nicht selbst produzieren. Sie sind wichtig für eine optimale Gehirnfunktion. Diese Fettsäuren findest du in Fisch (Lachs und Thunfisch) und Eiern. Aber auch Vegetarier und Veganer können mit Leinsamen, Naturreis, Sojabohnen, Nüssen oder Avocado ihren Fettsäurebedarf decken. Darüber hinaus gibt es entsprechende Nahrungsergänzungsmittel, meist in Kapseln. Für Erwachsene wird eine Zufuhr von ca. 2 g Omega-3-Fettsäuren täglich empfohlen.

Kohlenhydrate: Zucker ist notwendig, damit unser Gehirn gut arbeiten kann. Nimm langkettige Kohlenhydrate zu dir, denn sie verursachen keine Blutzuckerspitze, die dann schnell wieder abstürzt, sondern versorgen deinen Körper gleichmäßig über längere Zeit hinweg. Du solltest also beispielsweise Haferflocken und Möhren essen, auf Gummibären oder Traubenzucker aber verzichten.

Gemüse und Obst: In diesen Nahrungsmitteln stecken langkettige Kohlenhydrate, Ballaststoffe und Vitamine. Damit sind sie ein hochwertiger Snack für zwischendurch. Der Zuckeranteil ist allerdings gerade bei Äpfeln, Birnen und Bananen verhältnismäßig hoch, sodass du hier etwas zurückhaltender sein solltest.

„Saubere Lebensmittel“: Je weniger Farb-, Zucker- oder Konservierungszusätze ein Lebensmittel hat, desto besser. Zudem solltest du viel Wasser, ungesüßten Tee und deinen Kaffee ohne Zucker trinken. Auf Softdrinks kannst du hingegen verzichten. Grüner Tee enthält übrigens wertvolle Stoffe, die den Blutdruck senken, wach machen und zellschützend wirken. Ich empfehle Mate-Tee (den gibt es übrigens auch in verschiedenen Geschmacksrichtungen).

✎ **Aufgabe:**

Stelle dir eine Brain-Food-Mischung zusammen und platziere sie an deinem Arbeitsplatz! Versorge dein Gehirn auch bei Klausuren lieber mit einem Apfel als mit Schokolade!

Ruhe

Edward Hallowell, ein renommierter Arzt aus den USA mit ADHS, sagte einmal sinngemäß: „Das Gehirn eines ADHSlers kann man mit einem Ferrari vergleichen, der Fahrradbremsen hat.“[12] Diese Aussage verdeutlicht eines der Probleme an unserem ADHS-Gehirn: Es ist wahnsinnig schnell, fährt riskant und kommt mit Ach und Krach am Ziel an – nur manchmal komplett ungebremst, weil Fahrradbremsen einen Ferrari in voller Fahrt eben nicht stoppen können. Wie können wir also unsere Bremsen verstärken und damit unseren Denkapparat in geeigneter Weise verlangsamen, wenn es darauf ankommt?

Wenn deine Gedanken rasen und dir keine ruhige Minute lassen, wird es sehr schwierig, eine produktive Arbeitsatmosphäre herzustellen. Besonders laute und nervige Gedanken lassen sich zum Beispiel mit Musik oder anderen Geräuschen stummschalten. Wenn du deine Ohren beschallst, können deine Gedanken nicht lange dagegen anschreien und müssen sich zurückhalten, sodass du in Ruhe arbeiten kannst. Das geht zwar nicht bei allen Aufgaben, aber bei vielen. Oft reicht es auch, in der Anfangszeit beim Lernen laut Musik zu hören und einfache Tätigkeiten (Karteikarten schreiben, Schreibtisch aufräumen etc.) auszuführen, dann sind die Gedanken soweit betäubt und beruhigt, dass du die Kopfhörer ablegen und konzentriert lernen kannst.

Dir ist Musik zu laut und Stille zu leise? In solchen Phasen kannst du beispielsweise den Ambient Mixer oder Umweltgeräusche-Playlisten auf Spotify, YouTube oder anderen Plattformen ausprobieren. Wenn du mit realen Geräuschen besser lernen kannst, dann öffne das Fenster und genieße die Geräusche der Natur und der Umgebung.

Weiteren Hindernissen wie gesteigertem Bewegungsdrang oder innerer Unruhe kannst du mit den bereits genannten Fidget Tools begegnen. Sollten diese nicht ausreichen, dann steh auf, geh raus und laufe eine

Runde um den Block. Alternativ kannst du Dehn- oder Kraftübungen in deinem Zimmer machen. Es ist wichtig, dass du auf die Signale deines Körpers achtest und darauf reagierst. Du kannst diese Methoden natürlich auch kombinieren: Zuerst hörst du laut Musik, die deine Gedanken betäubt und bewegst dich ein wenig dazu, sodass auch dein Bewegungsdrang gemindert wird. Dann stellst du Hintergrundgeräusche oder leise Musik an, die dich beim Lernen nicht stören. Auf diese Weise erreichst du ein Stadium, in dem du ruhig und konzentriert lernen kannst.

✎ **Aufgabe:**

Sorge für Ruhe und überlege dir, in welchen Situationen du in der Regel unruhig bist! Schreibe dir dann für jeden dieser Momente eine Lösung auf. Wende direkt eine Maßnahme an und sorge damit für eine konzentrierte Arbeitsatmosphäre. Gib nicht eher auf, bis du individuelle Lösungswege gefunden hast, die für innere und äußere Ruhe sorgen.

Zusammenfassung

In der folgenden Übersicht habe ich die fünf Methoden für eine produktive Arbeitsatmosphäre noch einmal für dich zusammengefasst. Erinnerst du dich an alle Konzepte? Hast du die Aufgaben schon erledigt?

Schreibtisch aufräumen

Ein aufgeräumter Schreibtisch ist die Basis für eine effiziente Arbeitsatmosphäre und sorgt dafür, dass du fokussiert lernen kannst.

Beleuchtung

Tageslicht oder entsprechende Lampen sowie die geschickte Ausrichtung deines Schreibtisches helfen dir dabei, lange konzentriert zu lernen und deine Augen zu schonen.

Fidget Tools

Mithilfe von Fidget Tools kannst du deinen Bewegungsdrang bändigen und dich länger konzentrieren.

Brain Food

Mit der richtigen Ernährung unterstützt du deine Gehirnfunktionen. Entsprechende Snacks liefern dir wertvolle Nährstoffe für eine optimale Gehirnfunktion und Gedächtnisleistung.

Ruhe

Durch Musik, Umgebungsgeräusche oder Bewegung sorgst du innere und äußere Ruhe.

KAPITEL

5

DEN ANFANG FINDEN

Einleitung

Deine Aufgaben und Prioritäten sind klar, der Schreibtisch ist vorbereitet und alle Ampeln stehen auf grün. Du könntest jetzt beginnen. Das einzige, was dir nun noch fehlt, ist die Bereitschaft, den ersten Schritt zu tun. Du musst einen Anfang finden. Denn ohne einen ersten Schritt ist der Weg in einen effizienten Arbeitsrhythmus nicht nur schwierig, sondern unmöglich. Je länger deine To-do-Liste ist, desto höher wirkt die Hemmschwelle, mit einer kleinen Aufgabe zu beginnen. Dieses Problem erstreckt sich auf alle Lebensbereiche, nicht nur auf das Lernen. Ein unaufgeräumtes Zimmer kann ein ebenso großes Projekt sein wie die Vorbereitung für deine nächste Klausur.

Natürlich lässt sich leicht sagen „Mach doch einfach!" oder „Fang einfach irgendwo an!". Doch dieses „einfach" ist zuweilen gar nicht so einfach. Ganz besonders dann nicht, wenn deine ADHS die üblichen Anfangsschwierigkeiten zusätzlich verstärkt. Ich hatte während meiner gesamten Schulzeit Probleme, beim Lernen oder bei den Hausaufgaben den Anfang zu finden. Ich war andauernd abgelenkt und unmotiviert. Das fing in der Grundschule an und zog sich über die Gymnasialzeit bis ins Studium durch. Hier habe ich zu spät mit dem Schreiben von Hausarbeiten angefangen oder erst auf den letzten Drücker mit Klausurvorbereitungen begonnen. Aus diesem Grund habe ich einfache Methoden gesucht (und gefunden!), die den Anfang erleichtern und den Weg in einen produktiven Arbeitsflow ebnen können. Fünf dieser Techniken werde ich dir in diesem Kapitel vorstellen und dir damit zeigen, wie du im Handumdrehen einen Anfang findest und sofort mit der Erledigung deiner To-do-Liste beginnen kannst.

Zuerst zeige ich dir, warum du zu Beginn jeder Lernsession eine

Reproduktionsphase einbauen solltest, in der du dein Gehirn auf „Betriebstemperatur" bringst. Dann stelle ich dir die First-Brick-Methode vor, mit der du eine Aufgabe in kleine Einzelteile zerlegen und somit problemlos klein anfangen kannst. Als nächstes erfährst du, wie die Fünf-Minuten-Regel funktioniert und warum es nicht mehr als diese fünf Minuten braucht, um mit einer (großen) Aufgabe zu beginnen. Anschließend erkläre ich dir das Prinzip von Anreizsystemen, die dir einen großen Motivationsschub für jede Art von Aufgaben geben und dich nachhaltig zum Arbeiten motivieren. Zum Schluss erkläre ich dir noch, warum Lernpartner und Lerngruppen ein wichtiger Faktor sind, die Anfangsmotivation zu finden.

★ **Methoden in diesem Kapitel:**

- ✔ Reproduktion
- ✔ First-Brick-Methode
- ✔ Fünf-Minuten-Regel
- ✔ Anreizsysteme
- ✔ Lernpartner

Reproduktion

In den vorherigen Kapiteln hast du gelernt, dass du deine Lerneinheiten mit den großen, wichtigen Aufgaben beginnen solltest. Denn zum einen bringen dir diese To-dos den größten Nutzen und zum anderen erreichst du deine persönlichen Ziele so deutlich schneller. Es kostet viel Überwindungskraft, direkt die schweren Brocken deiner To-do-Liste in Angriff zu nehmen. Besonders für uns ADHSler kann das eine unüberwindbare Hürde sein und uns so sehr frustrieren, dass wir den Beginn unserer Lernsession immer weiter aufschieben. Alternativ lenken wir uns mit Kleinigkeiten ab: Wir räumen den Schreibtisch auf, saugen das Zimmer oder fangen ein Buch an. Zum Glück gibt es da einen kleinen, aber sehr effektiven Trick für einen guten und leichten Start: die Reproduktion.

Die Reproduktion ist strenggenommen nichts anderes als eine Wiederholung. Dabei geht es vor allem darum, bereits vorhandenes Wissen aus deinem Langzeitgedächtnis wieder „nach vorn" zu holen und dein Wissensnetz zu aktivieren. Dafür kannst du dir dein Gedächtnis wie ein grobes Spinnennetz vorstellen: Jede zusätzliche Information, die du lernst, ist ein weiterer Faden, der das Netz verdichtet und verfeinert. Wenn du dieses Wissensnetz aktiviert hast, ist es bereit, neue Informationen aufzunehmen – darum ist eine Aufwärmphase so wichtig. Diese Aktivierung durch Reproduktion kannst du mithilfe verschiedener Methoden vornehmen. Drei davon stelle ich dir im Folgenden vor: ABC-Listen, Mindmaps und Spaced Repetition.

Bei ABC-Listen nimmst du dir ein Blatt Papier und notierst ganz oben das Themengebiet, das du jetzt behandeln möchtest. Dann schreibst du alle Buchstaben von A bis Z untereinander. Hinter jedem Buchstaben sammelst du nun sämtliche Begriffe, die dir zu dem Themengebiet einfallen. Sollte dir zu einem Buchstaben nichts einfallen, kannst du auch tricksen. Beim Thema Photosynthese könntest du zu „A" beispielsweise

„Aufnahme von Kohlendioxid“ oder Ähnliches schreiben. Auch, wenn du bei „K“ dann „Kohlendioxidaufnahme“ stehen hast. Die Hauptsache ist, dass hinter jedem Buchstaben etwas steht. Zum Warmwerden.

Mindmaps hast du schon in Kapitel 1 bei der Bestimmung deiner Lebensbereiche kennengelernt, du kannst sie aber auch für die Reproduktion deiner Lerninhalte nutzen. Schreibe dazu in die Mitte des Blattes das zu bearbeitende Themengebiet und sammle im nächsten Arbeitsschritt Begriffe und Konzepte, die dir hierzu einfallen. Verbinde miteinander, was zusammenhängt – sei es direkt (um bei unserem Beispiel zu bleiben: Umwandlung von Kohlendioxid und Wasser zu Sauerstoff) oder indirekt (zum Beispiel Pflanzen und Bakterien als grüne Lunge der Erde). Es ist erst einmal irrelevant, ob die Themen letztlich wirklich alle zusammenhängen. Das Wichtigste ist, dass du dein Gehirn aktivierst.

Die dritte Methode ist das Spaced-Repetition-System. Keine Sorge: Dieser Begriff klingt komplizierter, als er ist. „Spaced Repetition“ steht dafür, dass in bestimmten zeitlichen Abständen (spaced), zum Beispiel alle zwei Wochen, Lerninhalte wiederholt (repetition) werden. Beginne am besten mit dem Stoff, den du schon gut beherrschst, damit du gleich zu Beginn ein Erfolgserlebnis hast und motiviert bleibst. Dann arbeitest du dich langsam zu neueren Wissensgebieten vor, die du noch nicht so häufig wiederholt hast. Dazu kannst du zum Beispiel deine Lernzusammenfassungen oder klassische Karteikarten nutzen. Digitale Lösungen oder Apps wie *Anki* und *BRAINYOO* eignen sich ebenfalls sehr gut dafür.

Aufgabe:

Nutze eine der vorgestellten Reproduktionsmethoden und leite so eine neue Lerneinheit ein! Überlege dir dazu, mit welchem Themengebiet du deine Lernsession beginnen möchtest und fang sofort mit der Reproduktion an. Finde in den nächsten Tagen heraus, mit welcher dieser drei Methoden du am besten zurechtkommst.

First-Brick-Methode

Mit einer Reproduktionseinheit hast du dein Gehirn auf „Betriebstemperatur“ gebracht. Doch wie geht es jetzt weiter? Vor dir liegt eine große Aufgabe, zu der du keinen Zugang findest. Je länger du vor dieser Aufgabe sitzt und nicht anfängst, desto verlockender ist die Aussicht, sie einfach liegen zu lassen. Wir ADHSler neigen dazu, Herausforderungen zu vermeiden oder sie nur in Angriff zu nehmen, wenn sie uns wirklich interessieren. Doch das ist beim Lernen für eine Abschlussklausur oft nicht der Fall. Wie kannst du diesen Anlaufschwierigkeiten also begegnen? Wo sollst du mit dem Lernen anfangen, was ist der beste Startpunkt?

Es gibt eine simple und dennoch sehr effektive Technik, die dir den Anfang zeigt: die First-Brick-Methode. Der Bau jeder Mauer begann irgendwann mit einem einzelnen ersten Stein, jedes Gebäude hatte eine Grundsteinlegung. So hat auch jede Aufgabe eine erste Hürde, die du nehmen musst. Mithilfe der First-Brick-Methode findest du genau diesen ersten kleinen Schritt und kommst deinem Drang zum Aufschieben zuvor.

Die First-Brick-Methode funktioniert folgendermaßen: Du wählst eine Aufgabe, zerlegst diese in Teilschritte und beginnst mit dem ersten kleinen Schritt. Das führt dazu, dass du nicht mehr vor einer riesigen Aufgabe stehst, sondern vor vielen kleinen Miniaufgaben, die du schnell und ohne großen Aufwand erledigen kannst. Nehmen wir das Beispiel „Klausur vorbereiten“.

Stell dir vor, du musst dazu ein Fachbuch mit fast 200 Seiten lesen und durcharbeiten. So könntest du diese große Aufgabe in viele kleine aufteilen:

- ✔ Teile die 200 Seiten in Kapitel ein. Idealerweise gibt es ein Inhaltsverzeichnis, an dem du dich entlanghangeln kannst.

- ✔ Jedes dieser Kapitel hat 20 Seiten – das ist ganz schön viel. Wie kannst du das reduzieren? Unterteile die Kapitel in Unterkapitel. Das können vier oder fünf Seiten pro Unterkapitel sein. Oft bieten sich Absätze zur Unterteilung an.
- ✔ Wenn dir diese Einheit immer noch zu groß ist, brich auch diese Unterkapitel noch einmal herunter, diesmal auf einzelne Seiten. Jetzt hast du als kleinste Einheit eine Seite.
- ✔ Weil Fachbücher oft kompliziert geschrieben sind und schon die erste Seite unglaublich viele Informationen beinhalten kann, unterteilst du diese Seite zusätzlich noch in Absätze.

Voilà: Du hast einen Absatz als First Brick definiert. Das sind ein paar Zeilen, die du zu Anfang dieser Lerneinheit lesen kannst. Die gleiche Technik kannst du beim Schreiben von Karteikarten (nur ein Fachbegriff), beim Erledigen von Übungsklausuren (nur eine Teilaufgabe) oder beim Schreiben einer Mindmap (nur ein Unterpunkt) anwenden.

Achte darauf, dass du deine Aufgabe so unterteilst, dass die Schritte klein genug sind. Dein kleinster Schritt sollte dich nicht überfordern oder große Anstrengungen voraussetzen. Ein gesamtes Kapitel aus einem Lehrbuch zu lesen oder direkt eine ganze Aufgabe aus einer alten Klausur zu erledigen, kann schnell zu erneuten Startschwierigkeiten führen. Sei außerdem nicht zu perfektionistisch. Wenn du eine Aufgabe nicht ganz erledigen kannst, begib dich an die nächste, bevor du Elan und Motivation verlierst.

✎ **Aufgabe:**

Wende die First-Brick-Methode an und zerteile eine große Aufgabe in kleine Schritte! Beginne dann mit einer winzigen Arbeitseinheit und lege so den Grundstein für die Erledigung der Gesamtaufgabe.

Fünf-Minuten-Regel

Sollte die First-Brick-Methode keine Teilaufgabe liefern, die klein genug ist, um deine Startschwierigkeiten zu überwinden, kann dir die Fünf-Minuten-Regel helfen. Bei dieser Technik legst du deinen Fokus auf die zeitliche Ebene einer Aufgabe und triffst mit dir selbst eine Vereinbarung: „Ich arbeite nur fünf Minuten an diesem To-do. Wenn ich danach keine Lust mehr habe, höre ich auf und mache etwas anderes." Wunderbar an dieser Technik ist, dass du meistens weiterarbeitest, wenn du deine Startschwierigkeiten einmal überwunden hast. Darüber hinaus lässt sich dieses Prinzip auch noch einfach anwenden. Es handelt sich um einen einfachen psychologischen Trick, der darauf basiert, dass wir Dinge gerne zu Ende bringen. Die Fünf-Minuten-Regel eignet sich besonders für umfangreiche und komplexe Aufgaben, die wie ein großer Berg vor dir stehen.

Fünf Minuten sind keine Ewigkeit, das ist der Clou. Fünf Minuten dauern in etwa so lange, wie ein kurzes YouTube-Video oder die Zubereitung einer Tasse Tee. Du kannst in fünf Minuten eine To-do-Liste schreiben oder einen Blogartikel lesen. Fünf Minuten sind nicht viel. Genau das macht diese Technik so erfolgreich. Die Anfangshürde ist so niedrig, dass sich dein Gehirn nicht gegen deine kleine Aufgabe wehrt. Egal, wie viel Lust (oder eben Unlust) du hast – für fünf Minuten wirst du dich aufraffen und mit einer Aufgabe loslegen können. Zur Inspiration habe ich ein paar konkrete Ideen für dich:

- ✔ Fünf Minuten lesen
- ✔ Fünf Minuten Vokabeln lernen
- ✔ Fünf Minuten Matheaufgaben lösen
- ✔ Fünf Minuten an einer Zusammenfassung arbeiten
- ✔ Fünf Minuten eine alte Prüfungsaufgabe lösen
- ✔ Fünf Minuten joggen
- ✔ Fünf Minuten aufräumen

Die Einsatzgebiete der Fünf-Minuten-Regel sind grenzenlos. Diese Methode kannst du in sämtlichen Fächern und darüber hinaus in allen Lebensbereichen anwenden. Der eigentliche Trick ist, dass du nach diesen fünf Minuten sehr wahrscheinlich gar nicht mit der Bearbeitung deiner Aufgabe aufhören wirst, sondern weitermachst. Sobald du überlegst, ob du weitermachen oder abbrechen sollst, wirst du in den meisten Fällen denken:

- ✔ „Jetzt habe ich schon einmal angefangen, dann kann ich auch weitermachen. Den ersten Schritt bin ich schon gegangen, dann halte ich auch weitere fünf Minuten durch."

Auf dieses Weise bewegst du dich von Teilaufgabe zu Teilaufgabe, bis du am Ende mit deiner ganzen To-do-Liste fertig bist. Auch, wenn du eine Aufgabe nach fünf Minuten abbrichst, ist das vollkommen in Ordnung. Wenn du fünf Minuten an der Aufgabe gearbeitet hast und absolut keinerlei Begeisterung aufkommt, nimm eine andere Aufgabe in Angriff und starte später einen neuen Anlauf. Dieses „später" kann auch am nächsten Tag sein – selbst fünf Minuten jeden Tag bringen dich langsam, aber stetig ans Ziel.

✎ **Aufgabe:**

Arbeite fünf Minuten lang an einer wichtigen Aufgabe! Halte nach dieser Zeit kurz inne und überlege dir, ob du weitermachen willst. Wenn ja: Mach weiter! Wenn nein: Verschiebe die Aufgabe auf später.

Anreizsysteme

Du erinnerst dich sicher noch an deine Kindheit: Wenn es für eine Aufgabe eine Belohnung gab, hast du sie gleich mindestens doppelt so schnell erledigt wie ohne Belohnung. Das galt beim Aufräumen des Zimmers und Erledigen der Hausaufgaben ebenso wie beim Kochen. Diese Systematik wirkt schon bei „normalen" Kindern sehr gut, bei ADHSlern ist sie ein regelrechtes Wundermittel.

Das liegt daran, dass wir ADHSler schnell Rückmeldung und sofort ein Erfolgserlebnis brauchen, damit wir an einer Aufgabe dranbleiben. Aus diesem Grund sind wir auch so spielaffin: Die Reaktion des Spiels folgt unmittelbar einer Aktion des Spielers. Mit jedem Fortschritt, den wir erreichen, wird Dopamin ausgeschüttet und wir fühlen uns gut. Das gleiche Prinzip gilt für deine Anstrengungen beim Lernen: Auch hier wird die Dopaminproduktion angekurbelt, wenn du eine wichtige Aufgabe für die Schule oder dein Studium erledigt hast. Ist die Aufgabe jedoch sehr groß oder macht nicht den geringsten Spaß, ist die verhältnismäßig geringe Ausschüttung bei der Erledigung ein unzureichender Motivator. Dein Gehirn fühlt sich dann über den Tisch gezogen.

Diesen Effekt kannst du für dich nutzen. Weise dazu jeder (Teil-)Aufgabe, die dir schwerfällt, eine Belohnung zu. Diese darf allerdings nicht zu schnell und nicht allzu freigebig verteilt werden. Es ist auf Dauer nicht förderlich, wenn du dir für jedes erledigte Mini-To-do eine Stunde Computerspielen gönnst, denn so stehen Aufwand und Belohnung in einem Missverhältnis und du verbringst unverhältnismäßig viel Zeit mit der Belohnung. Es kommt auf eine ausgewogene Balance an. Die neueste Spielkonsole wäre eine extrem großzügige Belohnung für eine bestandene Klausur, zwei Stunden Netflix dagegen eine relativ geringe Anerkennung.

Um herauszufinden, welche Belohnungen angemessen sind, musst du zunächst herausfinden, was bei dir für ein großes Glücksgefühl sorgt.

Das kann zum Beispiel die nächste Folge deiner Lieblingsserie, aber auch der lange Filmabend mit deinen Freunden sein. Oder dich motiviert ein neues Kleidungsstück oder ein Konzertbesuch. Bei der Auswahl einer passenden Belohnung solltest du darauf achten, dass sie deine Bemühungen nicht zunichtemachen. Die Tafel Schokolade ist eine schlechte Belohnung, wenn du abnehmen willst, und der lange Filmabend vor der Klausur nicht optimal, weil du dann müde und unkonzentriert sein könntest.

Um deine Belohnungen und den Weg dahin im Auge zu behalten, kannst du dir ein Anreizsystem aufbauen. Für jede erledigte Teilaufgabe oder jeden erreichten Meilenstein setzt du ein Häkchen auf einer Liste. Bei einer bestimmten Anzahl von Häkchen leistest du dir eine Belohnung. Du kannst natürlich auch auf größere Belohnungen sparen, wenn du die kleine Anerkennung nicht brauchst. Angenommen, jede Stunde Lernen bringt dir ein Häkchen, eine Serienfolge kostet fünf Häkchen und eine Karte für das nächste Fußballspiel 20 Häkchen. Wenn du die Serie nicht gucken möchtest, kannst du auf vier Folgen verzichten und das Ticket kaufen. Als Variante ziehst du für jede nicht erledigte Aufgabe zur Strafe einen Haken ab oder überlegst dir andere Konsequenzen für verfehlte Ziele. Dazu sei jedoch gesagt, dass einer Studie[13] zufolge der Erfolg eines Anreizsystems mit Belohnungen höher ist als mit Bestrafungen.

✎ Aufgabe:

Führe ein persönliches Anreizsystem ein und verbinde die Erledigung wichtiger Aufgaben mit Belohnungen! Überlege dir, welche Aufgaben dir so schwerfallen, dass du eine kleine Anerkennung brauchst. Lege adäquate Belohnungen fest und weise ihnen einen festen Wert zu. Wenn du eine Belohnung erreicht hast, genieße sie von ganzem Herzen.

Lernpartner

Bisher habe ich dir in diesem Kapitel ausschließlich Techniken vorgestellt, die dir dabei helfen, als Einzelkämpfer zurechtzukommen und schnell einen Anfang zu finden. Doch was ist, wenn du erst in der Gruppe zur Hochform aufläufst? Wenn du alleine zu Hause lernst, kannst du dich mit niemandem austauschen – manchmal brauchst du zum Lernen jedoch genau das. Oder du verstehst ein Thema noch nicht ganz und hättest gerne jemanden, der es dir erklärt und mit dem du üben kannst.

Was dir jetzt helfen kann, sind Lernpartner. Entweder als Einzelpersonen oder zusammen in einer sogenannten Lerngruppe. Gemeinsam könnt ihr euch gegenseitig helfen und von euren Stärken profitieren. Dabei ist es egal, ob es um Fachwissen, Lösungsansätze, angeregte Diskussionen oder Motivation geht – mit Lernpartnern können produktive Phasen entstehen, die alleine kaum möglich wären. Zudem fällt es vielen leichter, zusammen zu lernen, als sich alleine zu Hause an den Schreibtisch zu setzen. In der Zusammenarbeit mit anderen verstehst du manche Themen vielleicht besser. Außerdem motiviert eine Lerngruppe dazu, sich vorzubereiten und das Thema zu vertiefen, um viel beitragen zu können.

Wenn du mit den anderen vereinbarst, dass bis Freitagnachmittag jeder eine Frage der Übungsklausur bearbeitet oder zumindest einen Lösungsweg erstellt, dann willst du die anderen natürlich nicht im Regen stehen lassen. Du wirst deinen Teil beitragen wollen und dich daher entschlossen um deine Aufgabe kümmern – wenn du es nicht machst, leiden alle darunter. Dieser positive Gruppenzwang kann sehr leistungsfördernd sein und besonders uns ADHSler antreiben. Verpflichtungen helfen dir bei fehlender Motivation, weil du von außen dazu gebracht wirst, etwas zu tun, was du normalerweise liegen lassen würdest.

Eine weitere Möglichkeit, effektiv mit Lernpartnern zu lernen und den Verpflichtungsaspekt zu nutzen, ist das Plus-Minus-Gleich-Prinzip.

Dieses Prinzip besagt, dass du dich zu jedem Kerngebiet mit drei Personen austauschen solltest. Eine Person davon sollte sich mit dem Thema besser auskennen als du, sodass du von ihr lernen kannst (plus). Eine weitere Person sollte sich hingegen unter deinem eigenen Kenntnisniveau befinden, damit du ihr das Thema erklären und so gleichzeitig überprüfen kannst, ob du es wirklich verstanden hast (minus). Zuletzt solltest du eine dritte Person finden, die das Thema genauso gut verstanden hat wie du, damit ihr euch auf Augenhöhe darüber austauschen könnt (gleich). Vereinbare verbindliche Termine mit deinen Lernpartnern, die dir als externe Motivationsquelle dienen.

Du kannst dich übrigens auch digital mit anderen treffen: *Skype*, *Zoom* oder *Jitsi Meet* sind nur einige Lösungen für Videokonferenzen. Ein hervorragendes Planungstool ist *Trello*. Wenn du mit einer Gruppe an einer gemeinsamen Aufgabe arbeitest (beispielsweise an einem Referat), könnt ihr Teilaufgaben untereinander verteilen und parallel daran arbeiten.

✎ **Aufgabe:**

Suche dir einen Lernpartner oder eine Lerngruppe für ein Thema oder einen Kurs, in welchem du dringend Motivation brauchst! Verabrede mit deinen Lernpartnern klare Regeln und lege verbindliche Termine fest. Ziehe aus diesem Verbund zusätzliche Motivation und finde so den Anfang zum Erledigen wichtiger Aufgaben.

Zusammenfassung

In der folgenden Übersicht habe ich die fünf Methoden um einen Anfang zu finden noch einmal für dich zusammengefasst. Erinnerst du dich an alle Konzepte? Hast du die Aufgaben schon erledigt?

Reproduktion

Wenn du deine Lernsession mit einfachen Reproduktionsaufgaben beginnst, kommst du schnell in eine produktive Stimmung. Das Wiederholen alter Lernhinhalte mit Übungsaufgaben ist eine sehr gute Möglichkeit dafür.

First-Brick-Methode

Mit der First-Brick-Methode kannst du große Aufgaben so lange in kleine Teilaufgaben einteilen, bis die kleinste Aufgabe ohne Schwierigkeiten zu schaffen ist.

Fünf-Minuten-Regel

Bei der Fünf-Minuten-Regel kümmerst du dich nur fünf Minuten lang um eine Aufgabe und entscheidest danach, ob du an dieser Aufgabe weiterarbeiten möchtest oder nicht.

Anreizsysteme

Der Einsatz von Belohnungen hilft dir dabei, dich zum Anfangen zu motivieren und dauerhaft bei der Sache zu bleiben. Dabei garantiert ein persönliches Anreizsystem deinen langfristigen Erfolg.

Lernpartner

Profitiere von Lernpartnern und Lerngruppen als hohe externe Motivationsquelle. So setzt du dich regelmäßig mit wichtigen Aufgaben auseinander. Außerdem können die Lernpartner einander helfen und eine produktive Arbeitsatmosphäre herstellen.

KAPITEL

6

DEN FOKUS FINDEN

Einleitung

Sara saß seit mindestens zwei Stunden am Küchentisch. Allerdings war es ihr unkonzentriertes und unmotiviertes „Ich", was da versuchte, etwas zu schaffen. Sie kam noch nicht besonders gut mit ihrer ADHS zurecht, bemühte sich aber trotzdem, das zu tun, was sie tun sollte: Mathehausaufgaben. Draußen schien die Sonne und sie wollte überall sein, nur nicht hier am Tisch. Sie seufzte, schaute wieder auf das Blatt mit den Matheaufgaben – und gab auf. Dann hatte sie die Hausaufgaben halt nicht. Das kam öfter vor. Ihren Lehrer wunderte es schon nicht mehr.

Diese Anekdote stammt zwar aus meiner Schulzeit, doch einige dieser Verhaltensmuster habe ich noch als Studentin an den Tag gelegt. Wenn mich ein Thema nicht interessierte oder ich es unglaublich langweilig fand, konnte ich mich nicht überwinden, daran zu arbeiten. Ich nahm eine Vermeidungs- und Verweigerungshaltung ein und gab auf. Meine Noten waren mir dabei egal; negative Konsequenzen ebenso.

Mit ADHS ist es nicht einfach, den notwendigen Fokus für eine lange Lernsession zu finden. Geschweige denn, diesen Fokus zu behalten. Während andere Menschen in den Arbeitsmodus schalten können und sich „einfach auf den Hosenboden setzen", haben wir größte Mühe, in diesen Zustand zu gelangen. Wenn wir es dann geschafft haben und uns endlich konzentrieren können, reichen häufig schon kleine Ablenkungen, um unseren Geist erneut zu zerstreuen. Nur eine kleine Planänderung von außen, eine Aufgabe mehr, als wir dachten, oder eine WhatsApp-Nachricht genügen, damit wir aus dem Rhythmus geraten. Dabei ist es nicht so, dass wir uns nicht konzentrieren wollen oder Ablenkung suchen. Es gehört zum Störungsbild der ADHS, dass jeder noch so kleine Impuls unsere Aufmerksamkeit erregt. Dann spielt es keine Rolle, ob vor uns Mathehausaufgaben, ein anspruchsvoller Text oder die wichtige Abschlussprüfung liegen. Normalos schaffen es, für einen längeren Zeitraum an ihrem Schreibtisch zu sitzen und konzentriert zu lernen – das erreichen wir ADHSler nur in sehr seltenen Fällen. Um in ein solches Stadium zu kommen, muss uns das Thema außergewöhnlich interessieren und wir brauchen die perfekten Rahmenbedingungen. Letzteres kannst du zum Glück beeinflussen – und ich zeige dir wie.

Damit du bei deinen zukünftigen Lerneinheiten schneller deinen Fokus findest und in eine konzentrierte Arbeitsstimmung wechseln kannst, zeige ich dir in diesem Kapitel fünf Methoden, die deine Sinne schärfen werden. Als erstes stelle ich dir die Fokus-Frage vor und sage dir, warum diese simple Technik dein Leben Stück für Stück revolutionieren kann. Dann erfährst du anhand der Scheuklappentechnik, warum es wichtig ist, deinem Plan treu zu bleiben und nicht ständig zwischen verschiedenen Aufgaben hin und her zu wechseln. Anschließend lernst du, wie Monotasking funktioniert und warum es essenziell für konzentriertes Lernen ist. Danach erkläre ich dir, warum du dich für die Zeit deiner Lernsessions komplett vom Internet abschotten solltest und welche Programme dir dabei helfen können. Zum Schluss zeige ich dir, wie du mithilfe von Gamification spielerisch im Lernprozess bleibst und nicht die Lust daran verlierst.

★ **Methoden in diesem Kapitel:**

- ✔ Fokus-Frage
- ✔ Scheuklappentechnik
- ✔ Monotasking
- ✔ Fokus-Software
- ✔ Gamification

Fokus-Frage

Bevor du überhaupt mit dem Lernen beginnst, musst du einige wichtige Fragen beantworten: Womit solltest du anfangen? Welches Thema ist am wichtigsten? Und welche konkreten Aufgaben haben den größten Nutzen? Für viele von uns ADHSlern stellen diese zahlreichen Entscheidungen ein großes Problem dar, denn wir können uns nur schlecht entscheiden. Statt irgendein To-do auszuwählen, lernen wir am Ende gar nicht und vertrödeln unsere Zeit mit unwichtigen Aufgaben. Doch es gibt eine einfache und geniale Entscheidungshilfe: Die Fokus-Frage von Gary Keller. Sie lautet:

- ✔ Was ist die EINE Sache, die ich tun kann, sodass alles andere einfacher oder sogar überflüssig wird?

Dadurch, dass du dir diese Frage stellst, reduzierst du deine komplette To-do-Liste für den Moment auf eine einzige Aufgabe. Du weißt sofort, womit du anfangen solltest und erleichterst dir damit den restlichen Tag. Dabei ist es unwichtig, auf welche Art von Aufgabenbereich du diese Frage beziehst. Ob du für ein bestimmtes Fach lernen, einen Text schreiben oder eine Klausur vorbereiten musst, ist irrelevant. Die Fokus-Frage vereint verschiedene Techniken in sich und ist deshalb so wirkungsvoll. Mit dem ersten Teil der Frage (Was ist die EINE Sache…) setzt du eine eindeutige Priorität. Der zweite Teil (… die ich tun kann…) ist eine direkte Handlungsaufforderung und der dritte Part (… sodass alles andere einfacher oder sogar überflüssig wird?) sorgt dafür, dass du die Orientierung behältst und dich nicht ablenken lässt.

Wenn du die Fokus-Frage aufrichtig beantwortest, wird dir klar, was genau in deinem Leben momentan das Wichtigste ist. Insbesondere, wenn du in deinem Alltag mit vielen Aufgaben konfrontiert wirst, erweist dir diese Fragetechnik einen guten Dienst, indem sie deine Aufmerksamkeit auf eine einzige Sache lenkt.

Die Beantwortung der Fokus-Frage zeigt auch auf, welche Verpflichtungen eine eher nebensächliche Rolle in deinem Leben spielen – selbst dann, wenn sie gestern noch wichtig waren. Möglicherweise ist eine solche Aufgabe ein paar Tage lang zu unwichtig gewesen, um sie zu erledigen – jetzt ist sie durch die Fokus-Frage komplett von deiner To-do-Liste verschwunden. Das funktioniert natürlich auch in die andere Richtung: Ehemals unwichtige Dinge rücken plötzlich in den Fokus. Genau diese zeitbezogene Relevanz spürst du mithilfe der Fokus-Frage auf. Die Fokus-Frage ist besonders wirksam, wenn du bei ihrer Beantwortung deine Vision im Blick behältst. Stellst du dir die Frage vor dem Hintergrund deiner Vision oder einem großen Ziel, hilft sie dir dabei, dein Handeln in einem größeren Zusammenhang zu betrachten. Du siehst dann, dass jede Handlung Einfluss auf das große Ganze hat. Indem du die Frage stellst und dann nach der entsprechenden Antwort handelst, kommst du in einen Schwung, der dich im Leben voranbringt.

Sehen wir uns zum Abschluss dieses Kapitel die Fokus-Frage in der Praxis und anhand drei konkreter Beispiele an:

- ✔ Was ist die EINE Sache, die ich für Thema X lernen kann, damit alles andere einfacher oder sogar überflüssig wird?
- ✔ Was ist die EINE Sache, die ich für mein Abi tun kann, damit alles andere einfacher oder sogar überflüssig wird?
- ✔ Was ist die EINE Sache, die ich für meine Abschlussarbeit tun kann, damit alles andere einfacher oder sogar überflüssig wird?

✎ Aufgabe:

Stell dir die Fokus-Frage in Bezug auf ein Themengebiet, das du aktuell lernen möchtest! Welches ist die EINE Sache, die du lernen kannst, damit alles andere einfacher oder sogar überflüssig wird? Sammle mögliche Antworten und lege die EINE Sache fest, die du jetzt tun wirst. Erledige diese Aufgabe sofort und wiederhole die Fokus-Frage im Anschluss für die nächste Aufgabe.

Scheuklappentechnik

Viele ADHSler haben ein Problem damit, sich an Pläne zu halten. Wir legen ein sprunghaftes Verhalten an den Tag und verlieren dadurch immer wieder unseren Fokus. Wir beginnen beispielsweise mit einer Aufgabe, arbeiten für einige Minuten hochkonzentriert daran und wechseln plötzlich zum nächsten Punkt der To-do-Liste. Hierfür reichen schon kleine Hindernisse bei der Bearbeitung aus. Ein Satz, den wir nicht verstehen, eine Teilaufgabe, die wir nicht auf Anhieb lösen können oder auch eine spontane Eingebung. Das entgegengesetzte Problem tritt nicht so häufig auf, ist aber ebenfalls ein großes Hindernis: Wir hängen viel zu lange an einer Aufgabe fest, während wir schon längst mit der nächsten hätten beginnen müssen. Um diesem Problem entgegenzuwirken, empfehle ich dir die Scheuklappentechnik. Sie dient dazu, Ablenkungen konsequent auszublenden und funktioniert ähnlich wie die Scheuklappen bei einem Pferd: Du kannst weder nach links noch nach rechts schauen und wirst dazu angehalten, nur geradeaus (auf dein Ziel) zu blicken.

Bezogen auf das Lernen bedeutet diese Technik, dass du zunächst einen ganz klaren Lernplan brauchst. Dazu legst du fest, welche Themen du wann lernen möchtest und ob du dafür mit Übungsaufgaben, Texten oder Karteikarten arbeitest. Danach bestimmst du, ob du alleine lernst oder zusammen mit einem Lernpartner arbeitest. Steht dein Plan einmal, dann halte dich daran! Wenn du bei einem Thema nicht weiterkommst oder ein Detail nicht verstehst, dann verbleibe trotzdem bei deiner Aufgabe und gehe erst zur geplanten Zeit zum nächsten Thema über. Passe deinen Plan nicht ständig an; perfekt wird er ohnehin nie! Du wirst niemals alles bedenken können und den idealen, unumstößlich genialen Plan erstellen. Es wird dir oft etwas dazwischenkommen und es wird sich häufig etwas ändern, was du nicht bedacht hast. Den Plan dann jedes Mal umzuwerfen und einen neuen zu entwickeln, kostet dich viel Zeit und Kraft. Das solltest du nur machen, wenn gravierende Zwischenfälle dazwischenkommen (beispielsweise ein familiärer Notfall, ein Feuer, eine durch dein Zimmer rennende wilde Elefantenherde). Denn wenn du einmal im Lernmodus bist, solltest du den Schwung deiner Tatkraft auch nutzen – und nicht ständig damit beschäftigt sein, deine Energie umzulenken.

Sehen wir uns dazu ein Beispiel an: Stell dir vor, du lernst Thema A und kommst nicht weiter. Eigentlich wolltest du eine Stunde daran arbeiten, aber schon nach fünf Minuten schwindet die Konzentration. Du springst zu Thema B, eventuell läuft es da ja besser. Das funktioniert allerdings auch nicht und du wechselst zu Thema C. Kommt dir das bekannt vor? Diese Sprunghaftigkeit kannst du mit der Scheuklappentechnik abmildern. Denn Thema B und Thema C existieren für dich nicht, solange du dich mit Thema A beschäftigst. Es gibt keine Alternative. Manchmal hast du auch das gegenteilige Problem: Du sitzt an Thema A und wolltest um 14:00 Uhr mit Thema B beginnen. Es ist 13:30 Uhr und du bist noch nicht einmal annähernd fertig. Arbeite dennoch nicht länger als ursprünglich geplant an Thema A. Wenn du dieses Thema bis 13:55 Uhr nicht verstanden hast oder nicht bearbeiten konntest, dann lass es liegen und gehe zu Thema B über. Später wirst du dank der eingerichteten Pufferzeiten (vgl. Kapitel 3) immer noch die Möglichkeit haben, dich mit Themen zu beschäftigen, die du beim ersten Mal nicht verstanden hast.

Egal, wie du es anstellst, merke dir beim Lernen bitte eine wichtige Sache: Ändere nicht ständig deinen Plan! Lege zuerst die Struktur für deine Lerneinheiten fest – und dann bleibe bei dieser Struktur. So, als hättest du Scheuklappen auf.

✎ **Aufgabe:**

Setze die Scheuklappentechnik ein und wechsle beim Lernen nicht ständig hin und her! Erstelle dazu einen Plan für deine nächste Lerneinheit und halte dich an diese Struktur. Wenn du deine Zeitplanung aus einem wichtigen Grund verändern musst, komme so schnell wie möglich auf deinen Plan zurück.

Monotasking

Es gibt Tage, an denen versuchen wir ADHSler, unsere Augen und Gedanken überall gleichzeitig zu haben und ein Dutzend Dinge parallel zu erledigen. Die parallele Bearbeitung mehrerer Aufgaben nennt sich Multitasking. Manchmal schaffst du es, mehrere Aufgaben zur gleichen Zeit zu bearbeiten und fühlst dich dann richtig gut. Du hast dann das Gefühl, produktiv gewesen zu sein und etwas geschafft zu haben. Du hast Karteikarten geschrieben, einen Text gelesen und drei Übungsaufgaben gelöst. Doch das Konzept von Multitasking ist fehlerhaft. Du nimmst zwar an, dass du mehr schaffst, wenn du viele Aufgaben zur gleichen Zeit bearbeitest. Der Schein trügt jedoch. Du kannst mit Multitasking zwar viele Dinge gleichzeitig erledigen, das Ergebnis ist allerdings schlechter, als wenn du dich nur auf eine Sache konzentriert hättest. Am Ende kostet die Ausbesserung deiner Fehler und die Nacharbeit mehr Zeit, als Monotasking ursprünglich gekostet hätte.

Wie kommt es, dass wir so viele Dinge „erledigen", aber nichts davon am Ende fertig ist? „Wer zwei Hasen jagt, fängt keinen."[14] So lautet ein altes Sprichwort aus Ungarn, welches das Dilemma des Multitaskings deutlich auf den Punkt bringt und damit indirekt hervorhebt, warum Monotasking eine hervorragende Alternative ist: Wenn du dich auf *eine* Aufgabe konzentrierst, kannst du diese sehr gut erledigen und dich im Anschluss an die nächste setzen. Auf diese Weise schaffst du einige Aufgaben ganz und zur vollen Zufriedenheit – statt viele nur mittelmäßig zu bearbeiten. Multitasking kostet mehr Zeit als es einspart, denn mit jedem Wechsel von einer Aufgabe zur nächsten entstehen zeitliche Übergangskosten: Stell dir vor, du beginnst eine neue Lernrunde am Schreibtisch damit, einen Text zu lesen. Nach dem ersten Absatz unterbrichst du deine Arbeit und recherchierst etwas im Internet. Du wirst nicht fündig und wechselst zur Matheaufgabe. Weil du da auch nicht weiterkommst, liest du den nächsten Absatz des Textes und recherchierst dann weiter. Mit jedem Aufgabenwechsel unterbrichst du deinen Fokus und deine konzentrierte Arbeitsweise – und musst diese dann erst einmal wiederfinden, bevor du weiterarbeiten kannst. Somit verlierst du viel Zeit und Kraft. Wenn du stattdessen zuerst den Text liest, dann die Recherche durchführst und im Anschluss die Matheaufgabe rechnest, arbeitest du viel zielgerichteter. Deine Ergebnisse werden besser, du machst weniger Fehler und darüber hinaus sparst du Zeit. Monotasking führt dazu, dass du deine volle Konzentration und Kraft in eine einzige Aufgabe steckst und dabei jede Ablenkung ausblendest. Du behältst das Hier und Jetzt im Blick und bist nicht durch zahlreiche Reize und unterschiedliche Aufgaben überfordert. Doch wie kommst du vom Multitasking zum Monotasking?

Sieh dir zunächst die zu erledigenden Aufgaben an und suche dir eine davon aus. Setze dazu die Methoden aus Kapitel 2 ein und bestimme deine höchste Priorität. Sobald du die wichtigste Aufgabe gefunden hast, teilst du diese in Zwischenschritte ein. Bringe diese Teilaufgaben dann in eine sinnvolle Reihenfolge und bereite dich vor. Welches Material benötigst du? Brauchst du Bücher, Stifte, das Internet, ein Textverarbeitungsprogramm? Je mehr du im Vorfeld bereitstellst, desto weniger musst du zwischendurch suchen und die Arbeit unterbrechen. Dann schottest du dich ab. Sage deiner Familie oder deinen Mitbewohnern, dass du ungestört arbeiten willst und leg dein Smartphone beiseite. Beginne jetzt damit, deine Aufgabe Schritt für Schritt abzuarbeiten. Lass dich nicht ablenken und halte dich streng an deinen Plan. Damit das Monotasking nicht zu langweilig wird, kannst du regelmäßige Pausen einlegen, in denen du für kurze Zeit etwas anderes machst – um danach konzentriert an dieser einen Aufgabe weiterzuarbeiten.

✎ **Aufgabe:**

Setze Monotasking ein und arbeite konzentriert an einer einzigen Aufgabe! Finde dazu deine aktuell wichtigste Aufgabe und unterteile sie in Teilschritte. Lege Pausen ein, wenn dir die Arbeit zu eintönig wird, beginne jedoch keine andere Aufgabe, bevor du dein aktuelles To-do nicht abgeschlossen hast.

Fokus-Software

In den letzten Jahren haben Ablenkungen durch Computer und Smartphone stetig zugenommen. Informationen, Nachrichten und interessante Posts sind überall und sofort verfügbar. Im Schnitt verbringen Erwachsene bis zu neun Stunden täglich online, vor allem am Handy.[15] Neun Stunden. Jeden Tag. Das sind 63 Stunden in der Woche – also mehr als zweieinhalb Tage. Vor dem Hintergrund dieser riesigen Zeitspanne ist das folgende Szenario keine Ausnahme: Du sitzt vor deinem Computer und möchtest nur eben bei Wikipedia eine Information suchen. Aber von dort wirst du zu einem YouTube-Video weitergeleitet, welches dich zu weiteren Videos führt. Außerdem ist in den Zusatzinformationen zum Video eine Internetseite verlinkt, auf der du dich erst einmal umsiehst. Statt der fünf Minuten, die du ursprünglich für deine aktuelle Aufgabe eingeplant hattest, sitzt du seit zwei Stunden vor deinem Monitor und bist keinen Schritt weitergekommen.

Ich nenne dieses Phänomen das „YouTube Rabbit Hole“[16], obwohl es sich nicht nur auf YouTube bezieht. Im Internet von Link zu Link und von Seite zu Seite zu springen macht Spaß und kann deinen Horizont erweitern. Teilweise bildet sich dadurch ein großes Wissensnetz, denn je nach Thema werden auf den einzelnen Seiten verschiedene Aspekte beleuchtet, die neue Sichtweisen ergeben. Das Problem ist nur, dass unkontrolliertes Surfen zu einer unglaublichen Zeitverschwendung mutieren kann. Insbesondere, wenn du eigentlich eine andere Aufgabe erledigen möchtest. Doch dieses Problem kannst du mit einer ganzen Reihe hilfreicher Software-Lösungen loswerden, beispielsweise *Cold Turkey*, *Forest* und *Rescue Time*.

Die Kernfunktion dieser Software-Lösungen ist die vorübergehende Begrenzung des Internetzugangs oder einzelner Seiten. Das heißt im Klartext: Wenn du die Programme installierst und benutzt, kapseln sie dich vom Internet ab. Du wirst gezwungen, offline zu arbeiten. Dabei gibt es verschiedene Varianten. Du kannst Black- oder Whitelists erstellen, also Listen von Seiten, die gesperrt (Blacklist) werden oder verfügbar (Whitelist) sein sollen. Du kannst auch die harte Variante wählen und deinen Internetzugang für einen bestimmten Zeitraum komplett sperren.

Manche Apps und Programme funktionieren browserübergreifend, sodass du den Zugang nicht nur für Chrome oder Firefox, sondern auch für Edge, Opera etc. sperren kannst. Außerdem gibt es plattformübergreifende Varianten, die eine entsprechende Sperrung auch auf dem Smartphone ermöglichen. Zusätzlich liefern sie dir interessante Statistiken. Falls du zum Beispiel wissen möchtest, wie viel Zeit du auf welchen Webseiten verbringst, kannst du deine Aktivitäten tracken lassen. So siehst du, wo deine Nutzungsschwerpunkte liegen und wo du gegebenenfalls eine (zeitlich begrenzte) Sperre einrichten solltest.

Wenn dich kleine Belohnungen locken, kannst du mithilfe von Apps wie *Forest* Zeiten einstellen, in denen du dein Handy oder deinen Computer nicht benutzen oder bestimmte Seiten nicht besuchen darfst. Wenn du dann beispielsweise 25 Minuten nicht am Handy warst, hast du einen (digitalen) Baum gepflanzt, der weiterwächst (sofern du dich zukünftig diszipliniert verhältst). Benutzt du jedoch dein Handy oder deinen Computer in der „gesperrten" Zeit, stirbt der Baum. Ähnliche Anwendungen wie diese kannst du gut mit dem Suchbegriff „Website Blocker" finden.

✎ **Aufgabe:**

Installiere und nutze eine Software wie *Cold Turkey*, *Forest* oder *Rescue Time* und kontrolliere damit dein Online-Verhalten! Sperre bestimmte Seiten oder auch deinen kompletten Internetzugang, wenn du konzentriert lernen möchtest.

Gamification

Zum Abschluss dieses Kapitels möchte ich dir eine sehr moderne Methode vorstellen, die besonders bei uns ADHSlern erfolgversprechend sein kann: Gamification. Hinter diesem Begriff verbirgt sich der Ansatz, Lernen mit spielerischen Elementen zu kombinieren. Diese Spielelemente spornen dich dazu an, auch an schwierigen Themen konzentriert und motiviert zu arbeiten.

„Der Mensch [...] ist nur da ganz Mensch, wo er spielt."[17] Diesen Satz schrieb Friedrich Schiller schon vor mehr als 200 Jahren. Doch er ist aktueller denn je. Bei Kindern kann man das besonders deutlich beobachten, da ihre Lebenswelt zum größten Teil aus Spielen besteht – aber auch Erwachsene haben noch Spaß am Spiel. Das kannst du dir zunutze machen. Spielen vertreibt die Langeweile und steigert das Interesse sowie den Ehrgeiz in uns, über uns selbst hinauszuwachsen. Dabei gibt es verschiedene Spielelemente, die du nutzen und auf deine nächste Lernsession übertragen kannst:

- ✔ Ranglisten
- ✔ Erfahrungspunkte
- ✔ Punktestände
- ✔ Zeitlimits
- ✔ Teamarbeit
- ✔ Gegner

Sehen wir uns einmal an, wie du einige dieser Elemente für deine Lerninhalte nutzen kannst. Du kannst auf verschiedene Arten *Punkte* sammeln. Gib dir zum Beispiel für jede Aufgabe, die du erfolgreich abgeschlossen hast, fünf Punkte. Am Abend zählst du alle Punkte zusammen und schreibst sie auf. Mithilfe dieser Punkte kannst du *Ranglisten* bilden. Vergleiche mehrere Tage miteinander und versuche, jeden Tag mehr Punkte zu sammeln. Schaffst du es immer auf Platz eins? Du kannst dir auch ein *Zeitlimit* setzen. Wähle eine Aufgabe aus und stelle dir eine Uhr oder einen Wecker. Erledige die Aufgabe innerhalb dieses Zeitraums. Wenn du die Aufgabe bis zum Klingeln des Weckers beendet hast, kannst du dir wieder fünf Punkte geben. Eine weitere Möglichkeit besteht darin, im *Team* zu arbeiten. Suche dir einen Lernpartner und miss dich mit ihm – arbeitet um die Wette an der gleichen Aufgabe. Du kannst dir auch einen *Gegner* ausdenken, den du besiegen musst. Dieser Gegner kann dein Bildungsabschluss sein, aber auch eine Klausur oder ein Referat. Gib dem Gegner eine bestimmte Anzahl von Lebenspunkten – beispielsweise 5000 für den Abschluss, 100 für Referate oder Klausuren. Jede Aufgabe, die du erledigst, entzieht dem Gegner Punkte – je mehr Aufgaben du erledigst, desto mehr Schaden wird deinem Gegner zugefügt.

Je mehr Spielelemente du beim Lernen integrierst, desto höher ist deine Motivation, anzufangen und fokussiert dabei zu bleiben. Es gibt sogar einige Apps, die verschiedene Spielelemente enthalten und so dabei helfen, am Ball zu bleiben. Die umfangreichste App, die plattformübergreifend kostenlos funktioniert, ist *Habitica*. Du kannst einer Gruppe beitreten und gemeinsam mit ihr Aufgaben erfüllen und „Gegner besiegen". Mit jedem bearbeiteten To-do und jeder erledigten Aufgabe sammelst du Punkte, die abends als Schaden am Gegner gewertet werden. Ist der Gegner besiegt, gibt es eine Belohnung.

Aufgabe:

Nutze Gamification-Ansätze (Punkte, Ranglisten, Zeitlimits, Teamarbeit, Gegner) bei deiner nächsten Lerneinheit und integriere mindestens ein Spielelement! Suche dir ein Gamification-System, das dir dabei hilft, mit deinen Aufgaben anzufangen und fokussiert zu lernen.

Zusammenfassung

In der folgenden Übersicht habe ich die fünf Methoden für einen scharfen Fokus noch einmal für dich zusammengefasst. Erinnerst du dich an alle Konzepte? Hast du die Aufgaben schon erledigt?

Fokus-Frage

Die Fokus-Frage hilft dir dabei, deine aktuell wichtigste Aufgabe zu finden. Sie lautet: Was ist die EINE Sache, die ich jetzt tun kann, damit alles andere einfacher oder sogar überflüssig wird?

Scheuklappentechnik

Ein Zeit- und Lernplan wird dich zuverlässig auf deinem Weg zum Ziel begleiten. Halte dich an diesen Plan, setze Scheuklappen auf und schreite auf deinem Weg zum Lernziel voran, ohne dabei nach rechts oder links zu schauen.

Monotasking

Monotasking bedeutet, dass du dich beim Lernen zu jedem Zeitpunkt nur mit einer einzigen Sache auseinandersetzen darfst. Verzichte hingegen auf Multitasking, weil diese Arbeitsweise zu schlechten Ergebnissen führt und viel Zeit kostet.

Fokus-Software

Software und Apps wie *Cold Turkey*, *Forest* oder *Rescue Time* helfen dir dabei, ablenkende Internetseiten oder Programme zu sperren. Zur Not kannst du deinen Internetzugang vorübergehend komplett abschalten.

Gamification

Mithilfe von Gamification-Elementen (Punkte, Ranglisten, Zeitlimits, Teamarbeit, Gegner) kannst du spielerisch lernen und dich so zusätzlich motivieren.

KAPITEL

7

LANGE KONZENTRIERT BLEIBEN

Einleitung

„Study with me – six hours!"[18] Videos mit ähnlichem Titel findest du gerade zur Prüfungszeit auf YouTube und fragst dich: „Wie um alles in der Welt soll ich mich sechs Stunden am Stück konzentrieren können? So lange kann ich kaum stillsitzen, geschweige denn konzentriert denken." Damit hast du natürlich recht. Es ist unmöglich, über solch einen langen Zeitraum durchgehend konzentriert zu bleiben. Übrigens ist auch keiner dieser YouTuber dazu imstande – das erkennst du an ihrer Körperhaltung und an auffälligen Gesten. Zum Ende ihrer Videos sitzen sie phasenweise nur noch da, arbeiten aber nicht mehr. Oder sie machen zwischendurch Pausen und vertreten sich die Beine.

Für das menschliche Gehirn ist es gar nicht möglich, sich stundenlang auf eine einzige Sache zu fokussieren. Unser Körper ist auf Bewegung ausgelegt und wünscht sich Abwechslung. Eine weitverbreitete Vorstellung von konzentriertem Arbeiten besteht darin, den gesamten Tag still vor einem Buch zu sitzen und wie eine Maschine zu arbeiten. Doch das funktioniert nicht – erst recht nicht, wenn eine Variante der ADHS hinzukommt. Du wirst allerdings nicht darum herumkommen, gerade zu Prüfungszeiten mehrere Stunden täglich zu lernen. Du hast mehrere Klausuren vor dir, von denen einige unter Umständen lebensverändernd wichtig sind – sie entscheiden über deine Versetzung oder deinen Abschluss und stellen die Weichen für deine Zukunft.

Damit du auch mit ADHS fokussiert und lange konzentriert lernen kannst, zeige ich dir in diesem Kapitel fünf Methoden, die für mich und viele andere Lernende hilfreich sind. Zunächst stelle ich dir die Pomodoro-Technik vor, mit der du in Etappen arbeiten kannst. So bleibst du über viele Stunden hinweg konzentriert und kannst eine Aufgabe nach der anderen erledigen. Dann erfährst du, warum aktive Pausen auch im Lernalltag eine essenzielle Rolle spielen und wie du sie für mehr Abwechslung einsetzen kannst. Anschließend erkläre ich dir, wie Goal Tracking funktioniert und wie du deinen Weg zum Erfolg visualisieren kannst. So hast du nie wieder das Gefühl, nicht voranzukommen. Als nächstes widmen wir uns der Side List. Dieses einfache Tool hilft dir dabei, deine Gedanken zu sortieren und beim Lernen in der Spur zu bleiben. Zum Schluss sprechen wir noch darüber, warum es wichtig ist, „unperfekt“ zu sein. „Unperfektionismus“ hilft dir auf dem Weg zu einer entspannten und ausdauernden Lernatmosphäre.

★ **Methoden in diesem Kapitel:**

- ✔ Pomodoro-Technik
- ✔ Aktive Pausen
- ✔ Goal Tracking
- ✔ Side List
- ✔ Unperfektionismus

Pomodoro-Technik

Du hast sicherlich schon die Erfahrung gemacht, dass du dich viel besser konzentrieren kannst, wenn du weißt, dass du die Konzentration nur für eine bestimmte Zeit aufrechterhalten musst. Dem Wissenschaftler Marty Lobdell[19] zufolge können wir Menschen uns im Durchschnitt 20 bis 40 Minuten auf eine Aufgabe konzentrieren, bevor das Konzentration nachlässt. Mit der Pomodoro-Technik machst du dir diese Eigenschaft zunutze und passt deinen Lernrhythmus entsprechend an.

Die Pomodoro-Technik wurde von dem Italiener Francesco Cirillo[20] entwickelt. Eines Tages saß er vor einem Berg von Aufgaben, den er schon wochenlang vor sich herschob. Plötzlich hatte er eine Idee. Er ging in die Küche, nahm sich eine Küchenuhr aus der Schublade, stellte sie auf 25 Minuten und sagte sich: „In diesen 25 Minuten konzentriere ich mich nur auf eine einzige Aufgabe und bearbeite diese. Danach höre ich auf und mache eine Pause." In den folgenden 25 Minuten schaffte er so viel wie sonst an einem Tag. Weil die Küchenuhr die Form einer kleinen Tomate (italienisch: Pomodoro) hatte, schenkte er der neuentdeckten Technik diesen Namen. Diese Methode kannst du in jedem Bereich deines Lebens einsetzen. Sie ist universell anwendbar und braucht nur zwei Dinge: eine Aufgabe und eine Stoppuhr. Zunächst legst du eine Aufgabe oder Teilaufgabe fest, die du erledigen möchtest. Danach nimmst du dir eine Stoppuhr oder nutzt eine digitale Variante, wie zum Beispiel die Timer-Funktion deines Smartphones. Den Timer stellst du so ein, dass nach 25 Minuten ein Signal ertönt. Nun startest du den Countdown und beginnst damit, deine Aufgabe zu erledigen. Konzentriere dich dabei nur auf diese eine Sache. Nichts anderes ist in diesen 25 Minuten wichtig und darf dich stören. Wenn der Timer die 25 Minuten beendet, legst du eine fünfminütige Pause ein, in der du dich ablenken und erholen kannst. Danach beginnst du wieder von vorn. Wenn du also über einen längeren Zeitraum konzentriert arbeiten möchtest, kannst du mehrere Pomodoro-Einheiten aneinanderhängen.

Am Beispiel „Für eine Klausur lernen“ könnte das so aussehen:

- ✔ 25 Minuten lernen
- ✔ 5 Minuten Pause
- ✔ 25 Minuten lernen
- ✔ 5 Minuten Pause
- ✔ 25 Minuten lernen
- ✔ 5 Minuten Pause
- ✔ 25 Minuten lernen
- ✔ 15 bis 30 Minuten Pause

Auf diese Weise hast du zwei Stunden gelernt, die insgesamt 15 Minuten Pause beinhalten. Wenn du mit Pomodoro-Einheiten arbeitest, wirst du sehr schnell viel mehr schaffen als bisher. Eine Einheit muss dabei nicht zwangsläufig 25 Minuten lang sein (so ist es nur in der Originalvariante). Wenn es dir schwerfällt, dich so lange zu konzentrieren, dann lege kürzere Zeiten fest – allerdings nicht weniger als 15 Minuten. Bei Einheiten unter 15 Minuten bist du noch gar nicht richtig im Arbeitsmodus angekommen, bevor der Timer läutet. Kannst du dich länger als 25 Minuten konzentrieren, darfst du deine Pomodoro-Einheit auf bis zu 45 Minuten verlängern – die Pause sollte dann allerdings 10 Minuten betragen. Falls du innerhalb einer Pomodoro-Einheit deine aktuelle Aufgabe fertigstellst, beginne direkt mit der nächsten. Solltest du dir noch keine weitere Aufgabe ausgesucht haben, kannst du die restliche Zeit der Einheit nutzen, um eine Aufgabe zu finden.

✎ **Aufgabe:**

Besorge dir für die Anwendung der Pomodoro-Technik einen Timer und stelle ihn auf ca. 25 Minuten ein! Bestimme dann eine Aufgabe und starte den Countdown. Arbeite jetzt eine Pomodoro-Einheit lang konzentriert an dieser Aufgabe. Lege danach eine Pause ein und beginne anschließend mit einem neuen Set.

Aktive Pausen

Sehen wir uns noch einmal die Pomodoro-Technik an. Nach jeder Pomodoro-Einheit folgt eine kleine Pause, die zur Erholung und Motivation dienen soll. Aber Pause ist nicht gleich Pause – und spätestens nach einer ganzen Reihe von konzentrierten Lerneinheiten brauchst du eine längere Regenerationsphase. Spätestens, wenn du in ein sogenanntes Tagestief kommst und dich schlapp fühlst oder vor lauter geistiger Arbeit in eine Denkblockade gerätst, solltest du eine längere Unterbrechung einlegen. Selbst, wenn all das nicht der Fall ist: Schon aus gesundheitlichen Gründen ist es wichtig, dass du in regelmäßigen Abständen einen Moment abschaltest und neue Kraft tankst.

Dabei sind Pausen mehr als simple Unterbrechungen. Außerdem solltest du während deiner Pausenzeit weder durchgehend faulenzen noch permanent aufs Handy starren. Pausen sind dazu da, sowohl deinem Körper als auch deinem Gehirn eine Möglichkeit zur Entspannung und zur Regeneration zu geben. Wenn du komplett fokussiert lernst, kann es gut sein, dass du dich kaum bewegst. Dann sitzt du stundenlang mit überkreuzten Beinen, vorgebeugt mit nach vorn gelegten Armen oder starrst bewegungslos auf den Bildschirm. All diese Haltungen verkürzen verschiedene Muskeln und belasten dadurch dein Skelett auf eine unnatürliche Weise. Wenn du hier nicht gegensteuerst, wirst du irgendwann Schmerzen haben, die nicht nur deine Konzentrationsfähigkeit reduzieren, sondern dich nachhaltig körperlich beeinträchtigen. In Pausen solltest du dich also bewusst bewegen. Strecke zum Beispiel deine Arme nach hinten und falte die Hände hinter dem Rücken, um deine Brustmuskulatur zu strecken. Dehne deine Oberschenkel und deine gesamte Bauchmuskulatur. Lass zudem deine Augen in die Ferne schweifen, damit sich auch die Augenmuskulatur entspannen kann. Diese aktiven Pausen sind vor allem bei uns ADHSlern nicht nur für den Körper wichtig, sondern auch für den Geist. Denn wenn unser Bewegungsdrang zu groß wird, steigt der innere Druck und unsere Gedanken geraten auf Abwege. Sie wandern umher, die Konzentration verschwindet. Ohne solche Pausen sind wir spätestens nach einigen Pomodoro-Einheiten nicht mehr fähig, stillzusitzen oder konzentriert zu lernen. Ich bewege mich nach jeder Pomodoro-Einheit fünf Minuten, nicht erst nach einer oder zwei Stunden. Wenn du den ganzen Tag sitzt, solltest über einen alternativen Arbeitsplatz nachdenken und dir dazu ein Stehpult besorgen. Du bewegst dich automatisch mehr, wenn du stehst. Ein höhenverstellbarer Schreibtisch ist dafür auch geeignet. Deine Wirbelsäule ist beim Stehen aufgerichtet, der Nacken gerade, die Beine gestreckt. Wenn du jetzt noch gelegentlich auf den Zehenspitzen stehst oder deinen Körper ab und an zu den Seiten neigst, beugst du Schmerzen vor. Am Anfang kann das lange Stehen sehr anstrengend sein, weil deine Muskulatur es gewohnt ist, viel zu sitzen, aber schon nach kurzer Zeit wird sie sich daran gewöhnen.

Bewegung ist allerdings nicht nur für deine Muskulatur essenziell: Wenn du in deinen Pausen ein wenig umhergehst, dich streckst und beugst, steigt dein Blutdruck, deine Atemfrequenz erhöht sich und mehr Sauerstoff wird in dein Gehirn transportiert. Öffnest du zusätzlich noch ein Fenster oder gehst ein paar Schritte vor die Tür, verstärkt sich dieser Effekt. Dank einer gründlicheren Durchblutung deines Gehirns und der erhöhten Sauerstoffzufuhr kannst du klarer denken und dich besser konzentrieren. Eine solche Pause sollte mindestens 15, eher 20 bis 30 Minuten lang sein und mehrmals täglich eingelegt werden. Meine Faustregel lautet: „Alle zwei Stunden und nach dem Mittagessen bewege ich mich." Besonders wichtig ist diese aktive Entspannung abends nach einem anstrengenden Lerntag. Wenn du dein Tagespensum erledigt hast, dann entspanne dich ganz gezielt – und zwar zuerst körperlich, bevor du dich wieder auf die Couch oder vor den Computer setzt.

✎ **Aufgabe:**

Plane feste Pausen in deinen Arbeitsalltag ein und überlege dir, wie du sie aktiv nutzen kannst! Experimentiere mit verschiedenen Übungen für Arme, Beine, Rückenmuskulatur und Augen.

Goal Tracking

Bei komplexen, mehrteiligen Aufgaben und andauernden Verpflichtungen fällt es uns ADHSlern häufig schwer, lange konzentriert zu bleiben. Das gilt vor allem dann, wenn wir kaum Fortschritte oder Ergebnisse unserer Anstrengungen sehen können. Wenn du beispielsweise für ein Fach lernst oder an einem anspruchsvollen Text arbeitest, sieht deine To-do-Liste womöglich so aus:

✔ Aufgabe 1

Deine „Liste" besteht aus einer einzigen riesigen Aufgabe, deren Umfang dich abschrecken und demotivieren könnte. Selbst wenn du stundenlang daran arbeitest, siehst du keinen Fortschritt. In genau solchen Situationen hilft dir Goal Tracking dabei, deine Aufgaben attraktiver darzustellen, damit von ihnen eine höhere Motivation ausgeht. Zeitmanagement-Experten sprechen in diesem Zusammenhang auch von einem sogenannten „Progress-O-Meter"[21]. Der Name verrät schon, worum es geht – du misst deinen Fortschritt und machst diese Entwicklung zudem sichtbar. Im Folgenden zeige ich dir zwei Möglichkeiten, wie du Goal Tracking einsetzen kannst.

Im ersten Schritt jeder Goal-Tracking-Technik unterteilst du deine Aufgabe in kleine Schritte. Dazu kannst du beispielsweise die in Kapitel 5 beschriebene First-Brick-Methode verwenden. Anschließend bestimmst du für jede Teilaufgabe ein konkretes Teilziel, welches du in diesem Arbeitsschritt erreichen möchtest. Beschrifte deine Aufgaben dabei wie in Schulbüchern oder auf Arbeitsblättern mit 1), 2) und so weiter. Je mehr Zwischenziele du festlegst, desto strukturierter wird dein Plan.

Die einfachste Goal-Tracking-Variante stellt Aufgaben und Zwischenziele in Listenform dar. In dem folgenden Beispiel werden zwei große Aufgaben in drei bzw. zwei Teilaufgaben unterteilt. Ist ein entsprechendes Zwischenziel erreicht, können die einzelnen „Goals" abgehakt oder durchgestrichen werden. Auf diese Weise siehst du sofort, welche (Teil-)

Aufgaben du schon beendet hast und welche noch ausstehen. Mit solch einem Vorgehen kannst du deinen Fortschritt einfach dokumentieren:

- ✔ Aufgabe 1: 30 Karteikarten schreiben
    - ✔ ~~Teilaufgabe 1a: 10 Karteikarten schreiben~~
    - ✔ ~~Teilaufgabe 1b: 10 Karteikarten schreiben~~
    - ✔ Teilaufgabe 1c: 10 Karteikarten schreiben
- ✔ Aufgabe 2: zwei Aufgaben der Übungsklausur lösen
    - ✔ Teilaufgabe 2a: Aufgabe 1 lösen
    - ✔ Teilaufgabe 2b: Aufgabe 2 lösen

Eine andere, weitverbreitete Form des Goal Tracking ist der sogenannte „Ladebalken“. Dabei werden Teilaufgaben in einem horizontalen Balkendiagramm dargestellt. Zu jeder Teilaufgabe wird dabei zunächst ein leeres Rechteck gezeichnet. Sobald das entsprechende Teilziel erreicht wurde, wird das Rechteck ausgemalt und der Ladebalken wird etwas voller. Das könnte dann so aussehen:

✎ Aufgabe:

Setze Goal Tracking ein und miss damit deinen Fortschritt beim Erledigen einer Aufgabe! Unterteile dazu eine Aufgabe in einzelne Schritte und definiere Zwischenziele. Danach entscheidest du dich für eine Form der Visualisierung und beginnst direkt mit der Bearbeitung.

Side List

Mit ADHS passiert es dir immer wieder, dass du trotz guter Organisation deine Konzentration verlierst. Aus heiterem Himmel schießt dir plötzlich ein Gedanke durch den Kopf und setzt sich fest. Er drängt sich immer wieder in den Vordergrund und du kannst ihn nicht abschütteln. Schließlich kannst du dich überhaupt nicht mehr konzentrieren und gehst diesem Gedanken nach – sei es, dass du eine E-Mail schreiben, ein Telefonat führen oder etwas im Internet recherchieren wolltest. Leider musst du dich dann nach jeder einzelnen Unterbrechung wieder neu in deine aktuelle Aufgabe eindenken und einarbeiten – das kostet über den Tag hinweg sehr viel Zeit. Konzentriertes Lernen ist so kaum möglich. Am Ende des Tages hast du nicht das geschafft, was du eigentlich tun wolltest – dafür aber einen Haufen anderer unwichtiger Dinge erledigt.

Eine geniale Lösung für dieses Problem ist die sogenannte Side List. Diese Liste liegt, wie der Name schon sagt, an deiner Seite, während du lernst. Sie funktioniert ähnlich wie eine To-do-Liste, mit der Ausnahme, dass du auf ihr keine wichtigen Aufgaben notierst. Du nutzt deine Side List vielmehr dazu, spontane Einfälle und Ideen zu notieren, damit diese nicht in deinem Kopf herumspuken können. Das könnte zum Beispiel so aussehen:

- ✔ Oma anrufen
- ✔ Patrick über WhatsApp schreiben
- ✔ Geschenk für Mama kaufen
- ✔ Nachsehen, welche Filme im Kino laufen
- ✔ eBay-Auktion checken
- ✔ Einladung für Samstag absagen
- ✔ Arzttermin vereinbaren
- ✔ Outfit für die Party zusammenstellen

Jeder Gedanke, der dir während deiner Konzentrationsphasen durch den Kopf schießt, landet auf dieser Liste. Ohne Ordnung oder Struktur – du schreibst dir einfach den Kopf frei und widmest dich dann wieder fokussiert deiner eigentlichen Aufgabe.

Der Trick an der Side List ist, dass alles, was du aufgeschrieben hast, aus deinem Kopf verbannt ist. Dein Gehirn muss die Gedanken in deinem Kopf nicht mehr abspeichern. Außerdem hast du nicht mehr die ganze Zeit dieses nagende Gefühl, dass du etwas „Wichtiges“ erledigen musst. Du unterbrichst deine Arbeit für einen klitzekleinen Moment, notierst deinen Einfall und widmest dich dann wieder deiner Aufgabe. Deine Konzentration wird dabei nur für einen winzigen Moment umgeleitet (wenn du die Notiz auf deiner Side List anlegst), um danach wieder mit voller Kraft auf dein aktuelles To-do gerichtet zu werden.

Wenn du mit deiner Aufgabe fertig bist oder eine Pause einlegst, wirfst du einen Blick auf deine Side List und überträgst wichtige Ideen und Aufgaben auf deine To-do-Liste. Dabei kannst du die Liste nach Themenbereichen (Termine, Sport, Freunde, Freizeit usw.) oder nach Aufgabenart (lernen, telefonieren, arbeiten usw.) ordnen.

✎ **Aufgabe:**

Nutze während deiner nächsten Lernsession eine Side List und notiere auf dieser Liste alle spontanen Gedanken und Einfälle! Verbanne konsequent jeden Gedanken, der dir während der Arbeit in den Kopf kommt, auf die Side List. Arbeite die Liste später ab und bestimme konkrete Zeitpunkte für die darauf stehenden Aufgaben.

Unperfektionismus

„Gut ist besser als perfekt.“[22] Dieser Spruch von Doris Märtin klingt zunächst paradox, denn es gibt keine vollkommenere Sache als Perfektion. Dennoch gibt es sehr gute Gründe, etwas nicht perfekt zu erledigen und stattdessen „unperfekt“ zu arbeiten.

Wenn du eine Aufgabe perfektionistisch bearbeitest, wirst du gar nicht oder erst sehr spät fertig. Du versuchst, die Übungsklausur zu Thema X vollständig zu bearbeiten und alle Aufgaben zu lösen, schaffst es jedoch oft nicht. Wenn du jetzt perfektionistisch arbeitest, sitzt du so lange an dieser Übungsklausur, bis du alle Aufgaben perfekt gelöst hast. So bekommst du nicht genug Übung und wirst in der Klausur ebenso lange an den Aufgaben sitzen. Erledige die Aufgabe lieber unperfekt, dafür komplett. Wenn eine Teillösung oder der Lösungsweg fehlt und dir dafür Punkte abgezogen werden, ist das immer noch besser, als wenn eine ganze Aufgabe fehlt. Auch bei diesen Aufgaben gilt das Pareto-Prinzip: Mit 20 Prozent deiner Arbeitskraft erreichst du bereits 80 Prozent des Ergebnisses. Diese 80 Prozent sind für die meisten Lebensbereiche genug. Wenn du in einer Klausur 80 Prozent der Aufgaben korrekt löst, ist das immerhin eine 2 – und bestanden hast du auf jeden Fall. Sei so selten wie möglich perfektionistisch – es gibt nur wenige Fälle im Leben, in denen du etwas perfekt erledigen musst.

Auch, wenn du dich weiterentwickeln möchtest, ist Perfektionismus eher hinderlich. „Aus Fehlern lernen“ ist ein geflügeltes Wort, das genau diesen Sachverhalt betont. Wenn du Fehler machst (und sie korrigiert werden) lernst du daraus. Das funktioniert aber nur, wenn du nicht zu lange an einem und demselben Problem verharrst, sondern dir stattdessen viele Probleme ansiehst. Je mehr Herausforderungen du dich stellst, desto geübter wirst du und desto besser meisterst du zukünftige Stresssituationen. Zudem demotiviert Perfektionismus. Wenn du alles perfekt erledigen möchtest, bist du nie zufrieden mit deinem Ergebnis, wirst frustriert und brichst schließlich deine Lernbemühungen verärgert ab. So wird das mit einer langen, fokussierten und konzentrierten Lernsession nicht funktionieren. Perfektionismus kannst du dir jedoch abtrainieren. Es erfordert zwar etwas Anstrengung, aber am Ende werden sich deine Bemühungen auszahlen. Außerdem kann es Spaß machen, „mit Absicht" unperfekt zu sein. Damit dir das gelingt, habe ich drei Vorschläge für dich.

1. Behalte dein persönliches Global Picture (das Bild vom großen Ganzen) im Blick. Deine Vision wirst du nur erreichen, wenn du etwas machst und schaffst. Das *darf* nicht perfekt sein – sonst kommst du nicht vorwärts.

2. Akzeptiere deine Fehler. Höre auf, dich fertig zu machen, wenn etwas nicht so geklappt hat wie gewünscht. Denn das wird in den wenigsten Fällen funktionieren. Es ist kein Drama, Fehler zu machen.

3. Höre auf, dich mit anderen zu vergleichen. Es wird immer jemanden geben, der in deinem Lieblingsgebiet besser, schneller oder erfolgreicher ist als du. Dich mit so einer Person zu vergleichen, macht dich hochgradig unglücklich.

Achte ab sofort auf Perfektionismus in deinem Alltag und versuche, ihn zu vermeiden. Wenn du auch nach 30 Minuten Nachdenken nicht auf die ultimative Lösung für eine Aufgabe kommst, dann gib dich mit einer weniger tollen Lösung zufrieden – oder lass die Aufgabe einfach liegen. Sei unperfekt. Die Vase im Töpferkurs ist nicht so, wie du ursprünglich wolltest? Egal. Sie ist ein Unikat, etwas Besonderes. So wie du.

✎ Aufgabe:

Identifiziere drei Bereiche, in denen du zu Perfektionismus neigst und nimm dir fest vor, ab sofort unperfekt zu handeln! Notiere dir dazu, was du unternehmen wirst, um dich zu entperfektionieren. Schließe mit einer Aufgabe gedanklich ab, wenn sie fertig ist – egal, ob die Lösung perfekt ist oder nicht.

Zusammenfassung

In der folgenden Übersicht habe ich die fünf Methoden für langanhaltende Konzentration noch einmal für dich zusammengefasst. Erinnerst du dich an alle Konzepte? Hast du die Aufgaben schon erledigt?

Pomodoro-Technik

Mit der Pomodoro-Technik arbeitest du in 25-Minuten-Abschnitten, zwischen denen du jeweils eine Pause einlegst.

Aktive Pausen

Dein Körper und Geist benötigen regelmäßig Pausen. Mit ein wenig Bewegung bringst du deinen Kreislauf wieder in Schwung und versorgst dein Gehirn mit Sauerstoff.

Goal Tracking

Mithilfe von Goal Tracking visualisierst du deinen Fortschritt bei der Bearbeitung großer Aufgaben. So kannst du auch kleine Lernerfolge messen und sichtbar machen.

Side List

Auf einer Side List sammelst du jeden Gedanken, der dir während einer Konzentrationsphase durch den Kopf geht und nicht zum aktuellen Thema gehört. Auf diese Weise behältst du in der Arbeitszeit den Kopf frei und kannst dich später um deine Einfälle kümmern.

Unperfektionismus

Deine Arbeit kann und soll unperfekt sein. Der Gedanke an Unperfektion darf dich glücklich machen – denn Unperfektion bringt dich im Leben sehr viel weiter als Perfektion.

KAPITEL

8

ZURÜCK IN DIE SPUR

Einleitung

Es ist bestimmt schon 20 Jahre her, dass ich mit meiner Lego-Eisenbahn gespielt habe, aber eines habe ich nie vergessen: Wenn die Schienen schief lagen oder sich darauf ein Hindernis befand, sprang die Bahn aus der Spur und fuhr auf dem Kinderzimmerteppich direkt vor den nächsten Schrank. Sobald das passierte, nahm ich die Bahn hoch, sah mir das Problem an, besserte die Stelle aus und ließ sie wieder fahren. Dieses Problem gibt es nicht nur bei vielen Spielzeugen, bei denen sich recht einfach und schnell eine Lösung finden lässt. Nein, auch im „richtigen" Leben geraten wir aus der Spur – und beim Lernen passiert dies ganz besonders häufig. Gerade wir ADHSler brauchen dann schnell eine gute Lösung, um wieder zurückzufinden. Denn sonst schaffen wir es nicht, unseren Fokus neu einzustellen und konzentriert weiterzulernen.

Aller guten Vorsätze zum Trotz können dich beim Lernen ganz verschiedene Dinge aus dem Takt bringen: Müdigkeit, Langeweile, Überforderung, Notfälle und viele mehr. In solchen Situationen kommt uns ADHSlern als erstes der Gedanke, die Lernsession für den Tag zu beenden und etwas anderes zu machen. Anstatt uns durchzubeißen, geben wir auf und suchen uns eine Beschäftigung, die mehr Spaß macht und uns nicht überfordert. Doch das kannst du vermeiden. Es gibt einige Möglichkeiten, nach einer Unterbrechung oder in einer unproduktiven Phase wieder zurück in die Lernspur zu kommen. Genau darum geht es in diesem Kapitel.

Zunächst erkläre ich dir, wie deine Verhaltensmuster und die damit verbundenen Konzentrationsschwierigkeiten funktionieren. Dazu erstellen wir eine simple, aber effektive Stärken-Schwächen-Analyse und finden heraus, wie du langfristig effizient lernen kannst. Dann zeige ich dir, wie du einen Powernap in deinen Tagesablauf integrierst und warum es gelegentlich sinnvoll ist, ein Mittagsschläfchen zu halten. Wir sehen uns an, was ein Accountability Buddy ist, wobei er dir helfen kann und warum du dringend einen haben solltest. Danach sprechen wir über Abwechslung und wie es dir gelingt, deine Lerneinheiten variantenreich zu gestalten. Auf diese Weise forderst du dein Gehirn heraus und findest schnell in einen konzentrierten Zustand zurück. Als Letztes stelle ich dir Diffused Thinking vor. Mithilfe dieser Technik betrachtest du ein Thema aus einem anderen Blickwinkel und aus größerer Entfernung – was dir neue Ideen für die weitere Arbeit geben kann.

★ **Methoden in diesem Kapitel:**

- ✔ Stärken-Schwächen-Analyse
- ✔ Powernap
- ✔ Accountability Buddy
- ✔ Abwechslung
- ✔ Diffused Thinking

Stärken-Schwächen-Analyse

Sicherlich hast du schon mal ein Fußballspiel gesehen. In der Halbzeitpause und nach dem Spiel werden die Spielzüge und Taktiken analysiert – wer wie viele Pässe gespielt hat, warum die Bayern wieder einmal gewonnen haben, ob die defensive Spielweise wohl erfolgreicher war als die offensive vom letzten Spieltag und so weiter. Auf die Trainerlegende Sepp Herberger geht der Spruch „Nach dem Spiel ist vor dem Spiel“[23] zurück, was so viel bedeutet wie, dass nach dem Spiel die Vorbereitungen für das nächste Spiel getroffen werden. Aus diesem Grund gehen die Trainer mit ihrer Mannschaft die Fehler, Schwächen und auch die positiven Punkte des letzten Spiels durch und überlegen, was geändert werden muss, wie gezielt trainiert werden kann und mit welcher Taktik am nächsten Spieltag gespielt wird.

Genauso solltest du in deinem Lernalltag vorgehen. Wenn du bei einer Lernsession aus dem Tritt gerätst, ist es ratsam, diese „Niederlage“ sportlich zu nehmen. Lege eine kurze Pause ein und prüfe deine Arbeitsweise. Sei dein eigener Trainer und nimm eine eiskalte Analyse vor. Diese Untersuchung hilft dir dabei, in Zukunft deine Stärken besser einzusetzen und deine Schwächen auszugleichen.

Für die Stärken-Schwächen-Analyse stellst du dir folgende Fragen:

- ✔ Warum war ich jetzt gerade abgelenkt? War es draußen laut, bin ich müde oder habe ich Hunger? Fällt es mir vielleicht schwer, Lerninhalte durchs Lesen zu erfassen?
- ✔ Ist das schon einmal passiert? Wenn ja, in welcher Situation?
- ✔ Kann ich ein Muster in der Ablenkung erkennen? Ist es eine bestimmte Uhrzeit, ein Thema, eine Lernweise, die mir nicht liegt?
- ✔ Kann ich aus meiner Reaktion auf die Ablenkung eine eindeutige Schwäche ableiten? Brauche ich mehr Unterstützung zu Thema X, muss ich zu einer anderen Uhrzeit lernen, brauche ich anderes Lernmaterial?

- ✔ Was könnte ich zukünftig machen, um diese Störung oder Ablenkung zu vermeiden? Brauche ich Ohrenstöpsel, Kopfhörer, muss ich mehr essen oder schlafen?
- ✔ Worin bin ich gut? Was fällt mir leicht und geht mir fast spielerisch von der Hand? Wie lerne ich am besten? Durchs Sehen und Lesen oder durchs Hören?
- ✔ Wie spiele ich meine Stärken besser aus? Wie verändere ich mein Umfeld und meine Lernbedingungen so, dass ich dabei bestmögliche Voraussetzungen für mich selbst schaffe?

Wenn du analysierst, was dich ablenkt, kannst du in Zukunft etwas daran ändern und alle Regler auf „konzentriert lernen“ stellen. Wenn du weißt, worin deine Schwächen liegen, kannst du sie überwinden und deine Stärken hervorheben. So kommst du auch nach einer abgelenkten und unkonzentrierten Phase wieder in die Lernspur zurück und kannst weiterarbeiten.

✎ **Aufgabe:**

Führe eine Stärken-Schwächen-Analyse durch und finde heraus, warum du beim Lernen häufig abgelenkt wirst! Danach bestimmst du Gegenmaßnahmen und bereitest dich so auf mögliche zukünftige Störungen vor. Überlege dir konkret, welche Dinge und Umstände du ändern kannst – und ändere sie!

Powernap

Ein gesunder und regelmäßiger Schlafrhythmus ist eine Grundvoraussetzung für andauernde Leistungsfähigkeit. Das gilt in besonderer Weise für Lernen mit ADHS. Daher sehen wir uns in diesem Kapitel das sogenannte Powernapping an. Du weißt sicher, dass wir im Schnitt sieben bis neun Stunden Schlaf brauchen, wobei der Bedarf mit dem Alter geringer wird und auch individuelle Abweichungen normal sind. Selbst wenn die Schlafforschung immer neue Erkenntnisse sammelt, hat sich eines seit Jahren nicht verändert: Schlafzeiten sollten generell so bemessen sein, dass im Ergebnis ein Vielfaches von 1,5 Stunden steht (also 3 Stunden, 4,5 Stunden und so weiter). So lange dauert in etwa ein Schlafzyklus mit Dämmerschlaf, Tiefschlafphase, Traumphase und Aufwachphase. Achten wir nicht auf diese Systematik, werden wir buchstäblich „aus dem Schlaf gerissen" und fühlen uns, als hätte uns ein Trecker überfahren.

Wenn du beim Lernen vor Müdigkeit aus der Spur kommst, kann dir ein Powernap dabei helfen, neue Energie zu schöpfen – und danach konzentriert weiterzulernen. Ein Powernap dauert zwischen zehn und 30 Minuten und du musst dabei nicht einmal zwingend schlafen. Einfaches Dösen oder eine entspannte Körperhaltung sind oft schon ausreichend. Das Stresshormon Cortisol wird abgebaut, die Muskelanspannung sinkt, Augen und Gehirn ruhen sich aus. Das Ergebnis: Nach dem Aufstehen bist du entspannter, aufmerksamer und konzentrierter – und das über einen längeren Zeitraum hinweg. Im Schlaf werden zudem viele Informationen verarbeitet. Eine Studie[24] ergab, dass Menschen, die sich eine Reihe von Begriffen einprägen sollten und anschließend ein Nickerchen machen durften, sich die Begriffe besser und länger merkten als die Kontrollgruppe, die nicht schlafen durfte. Wenn du also beim Lernen in ein Leistungstief gerätst, dich kaum noch konzentrieren kannst oder vor Müdigkeit ständig abgelenkt wirst, schiebe einen Powernap ein. Lege dich dazu aufs Sofa oder ins Bett, stelle den Wecker auf maximal 30 Minuten und schließe die Augen. Idealerweise kannst du das Zimmer abdunkeln oder hast so etwas wie eine

Schlafbrille parat. Ein Powernap geht auch auf einer Bank in der Sonne, auf der Wiese mit dem Rucksack als Kopfkissen oder auf dem Stuhl mit hochgelegten Beinen. Selbst, wenn du nicht einschläfst, entspannst du und bist hinterher leistungsfähiger. Um den Powernap noch lohnender zu gestalten, habe ich noch ein paar Tipps für dich:

- ✔ Lege dich hin, wenn du es brauchst. Erzwinge den Powernap aber nicht. Es stellt sich ohnehin bald eine bestimmte Tageszeit als ideal heraus.
- ✔ Nimm weniger Koffein zu dir. Der Powernap verringert dein Schlafdefizit auf Dauer – wenn du jedoch Kaffee, schwarzen Tee oder Ähnliches in größeren Mengen zu dir nimmst, kannst du trotz körperlicher Müdigkeit nicht einschlafen.
- ✔ Wenn du Kaffee oder Tee trinken möchtest, trinke eine Tasse unmittelbar vor dem Powernap. Versuche nicht, das Nickerchen durch Kaffee oder Tee zu ersetzen.
- ✔ Finde einen geeigneten Ort. Je nachdem, wie deine Woche aussieht, kannst du möglicherweise immer zur gleichen Zeit am gleichen Ort dösen.
- ✔ Stelle dir einen Wecker, bevor du dich hinlegst und probiere ein wenig herum, welche Dauer optimal für dich ist. Ob du 10 oder 30 Minuten brauchst, ist egal. Hauptsache, du bist danach fit!

Es kann eine Weile dauern, bis du dich an Powernaps gewöhnt hast und sie ihre volle Wirksamkeit entfalten. Wenn du allerdings so weit bist, ist ein Powernap eine hervorragende Technik, um nach einem Tief wieder in die Spur zu kommen und weiterzulernen.

✎ Aufgabe:

Plane deinen nächsten Powernap: Lege eine feste Dauer und einen konkreten Zeitpunkt für dein kommendes Nickerchen fest! Baue dir in den nächsten Tagen ein Powernap-Ritual auf und profitiere so von den zahlreichen Vorteilen dieser Technik.

Accountability Buddy

Erinnerst du dich daran, als du das letzte Mal in der Schule oder im Studium mit mehreren Leuten ein Referat oder eine Präsentation vorbereiten musstest? Idealerweise hatte jeder von euch eine Aufgabe übernommen und diese bis zu einem bestimmten Termin fertiggestellt. Dabei musstest du dich auf die anderen verlassen – und sie sich auf dich. Dahinter steckt das Prinzip der gegenseitigen Verpflichtung. Das englische Wort für „Verpflichtung" lautet „Accountability" und spätestens jetzt kannst du dir schon denken, worum es beim Konzept des Accountability Buddy geht.

Ein Accountability Buddy ist ein Mensch, vor dem du Rechenschaft ablegst. Das kann ein Freund oder eine Freundin sein, ein Mitschüler oder eine Kommilitonin, aber auch ein völlig fremder Mensch aus dem Internet. Dem Konzept der Accountability Buddys liegt der Verpflichtungsgedanke zugrunde: Einer sagt dem anderen, was er erreichen will, der andere fragt ab diesem Zeitpunkt regelmäßig danach, zieht ihn zur Verantwortung und begleitet die weitere Entwicklung. Diese Verpflichtung kann dabei sowohl einseitig (eine Person kontrolliert die andere) als auch wechselseitig (die Personen kontrollieren sich gegenseitig) erfolgen. Wichtig dabei ist, dass dein Accountability Buddy und du hartnäckig und konsequent seid. Wenn ihr zum Beispiel vereinbart, dass du bis zum Abend zehn Seiten gelesen und Notizen gemacht haben musst, dann kannst du nicht nach acht Seiten Schluss machen und hinterher sagen, du hättest deine Aufgabe erledigt. Komme, was wolle: Du musst dich an die getroffene Vereinbarung halten. Und dein Buddy muss dich konsequent kontrollieren. Wenn ihr schon eine gemeinsame Verpflichtung eingeht und euch auf ein Ziel einigt, so müsst ihr dieses auch einhalten. Eure Ziele müssen übrigens nicht tagesbezogen sein, sondern können auch in ein paar Wochen oder Monaten zu erreichen sein.

Damit die Motivation, Ziele einzuhalten, nicht nur auf gegenseitiger Verpflichtung beruht, wird das Accountability-Buddy-Konzept mit zusätzlichen

Konsequenzen verbunden, die individuell auf euch angepasst sind. Wenn du zum Beispiel sehr ungerne den Abwasch machst, kann genau das die richtige „Strafe“ für dich sein, wenn du dich nicht an euren Deal hältst. Die Abmachung mit deinem Accountability Buddy könnte dann lauten: „Ich lese jeden Tag zehn Seiten und schreibe dazu eine Zusammenfassung. Dieses Ziel muss ich an sechs von sieben Tagen in der Woche erreichen. Wenn ich das nicht schaffe, übernehme ich eine Woche lang den Abwasch.“

Das Prinzip der gegenseitigen Verpflichtung wirkt deshalb so gut, weil keiner den anderen im Regen stehen lassen will. Es herrscht ein produktiver sozialer Druck. Wenn du alles gibst, um deinen Teil der Abmachung zu erfüllen, will dein Accountability Buddy natürlich nicht mit leeren Händen dastehen und sagen, dass er nichts geschafft hat – und umgekehrt. Es geht aber nicht nur um gegenseitige Kontrolle. Es geht auch darum, gemeinsam Erfolge zu feiern, den anderen auf dem Laufenden zu halten und nachzufragen. Wenn du mit deinem Accountability Buddy jeden Tag Kontakt hast, wirst du nicht in die Versuchung kommen, nichts zu machen. Wenn einer von euch dann doch scheitert oder nicht weiterkommt, könnt ihr zusammen besprechen, woran das liegt und eine Lösung finden. Durch diese regelmäßige Partnerarbeit findest du schnell in einen guten Lernrhythmus zurück, wenn du aus der Spur geraten bist. Dein Accountability Buddy wird dir dabei helfen, wieder in den Sattel zu steigen und weiterzumachen.

✎ Aufgabe:

Suche einen Accountability Buddy, mit dem du ab sofort deinen Lernfortschritt abstimmen kannst! Legt gemeinsam Ziele und Konsequenzen fest und beginnt sofort mit einer geeigneten Aufgabe. Ermutigt einander und zieht euch gegenseitig zur Verantwortung, wenn etwas nicht wie gewünscht funktioniert.

Abwechslung

Das Gehirn eines ADHSlers ist schnell gelangweilt. Aus diesem Grund suchen wir uns immer wieder neue Beschäftigungen und lenken uns ab. Wir möchten uns mit spannenderen Dingen befassen: Da wird einmal pro Minute WhatsApp gecheckt, Instagram geöffnet oder ein Level in Candy Crush versucht. Selbst dann, wenn wir eigentlich konzentriert für die nächste Prüfung lernen müssten, tun wir solche Dinge. Wir laufen im Zimmer herum, essen etwas, unterhalten uns. Jede dieser Tätigkeiten an sich hat ihre Berechtigung – allerdings nicht während des Lernens.

Eintönigkeit und Langeweile beim Lernen lassen sich jedoch ganz einfach vermeiden – und das, ohne auf Spiele, YouTube und Ähnliches zurückzugreifen. Hier gibt es verschiedene Möglichkeiten. Um zu wissen, wie du am besten lernen kannst und bei welchen Lernmethoden du voraussichtlich nicht so schnell abgelenkt wirst, solltest du deinen Lerntyp kennen, den du mithilfe des Lerntypentests herausfinden kannst.[25] Wenn du deine Lernmethoden auf deinen individuellen Typ ausrichtest, ist die Wahrscheinlichkeit von Grund auf höher, dass du wirklich erfolgreich weiterlernst. Sehen wir uns dazu ein paar Beispiele an.

Wenn du eher der auditive Typ bist (also besonders gut über das Hören lernst), wird es dir nicht helfen, die physikalischen Formeln oder grammatikalischen Besonderheiten 20 Mal durchzulesen. Du wirst diese Themen besser lernen können, wenn du sie dir laut vorliest und im Selbstgespräch übst. Umgekehrt kannst du als visueller Lerntyp (du lernst also besonders effizient über das Sehen und Lesen) eher schlecht nur mit Ton lernen. Du brauchst Schaubilder, Diagramme, Farben und Formen, um wichtige Inhalte langfristig in deinem Gedächtnis abzuspeichern. Am häufigsten gibt es jedoch kombinierte Lerntypen, beispielsweise audiovisuelle (also Hören und Sehen). Am besten recherchierst du bereits vor einer Lerneinheit nach passenden Lernmaterialien für deinen Lerntyp oder erstellst dir selbst welche – das erspart dir während des Lernens viel Frust. Je gründlicher die Vorbereitung, desto einfacher kannst du mit dem Lernen beginnen und es durchhalten. Baue auch bei den Lernmaterialien so viel Abwechslung ein, wie du kannst – Hören sollte sich mit Sprechen, Lesen mit Schreiben abwechseln. Bist du ein kombinierter Lerntyp, hast du zahlreiche Möglichkeiten, Abwechslung einzubringen.

Doch selbst wenn du es geschafft hast, die Lerneinheiten so zu gestalten, dass sie für deinen Lerntyp optimal sind, wird dir irgendwann langweilig. Jetzt ist Abwechslung in der Tätigkeit gefragt. Du kannst deine Lerneinheiten durch andere Aktivitäten unterbrechen – dein Zimmer aufräumen, beim Kiosk um die Ecke ein Eis holen, einen Podcast hören und so weiter. Eine weitere Möglichkeit, Abwechslung in deinen Lernalltag zu bringen, ist ein drastischer Wechsel des Themengebiets. Wenn du von Physik auf Mathe umsteigst, wirst du dein Gehirn verwirren und beide Themengebiete durcheinanderwerfen, denn sie sind einander sehr ähnlich. Gleiches gilt für Sprachen wie beispielsweise Französisch und Spanisch. Lerne also besser Physik und Spanisch – anschließend Mathe und Französisch. Hauptsache, der Wechsel ist eindeutig. Jetzt kann es natürlich sein, dass du Physik und Mathe lernen musst, aber keine weiteren Themengebiete auf deiner To-do-Liste stehen. In solchen Fällen kannst du zeitliche Abstände zwischen deinen Lernsessions einfügen. Wenn du Abwechslung in deinen Lernalltag einbaust, vermeidest du viel Frust. Zudem gibst du deinem Gehirn die Möglichkeit, die bisherigen Informationen einzuordnen.

✎ **Aufgabe:**

Sorge für Abwechslung beim Lernen und kombiniere verschiedene Lerninhalte miteinander! Finde dazu zunächst heraus, welcher Lerntyp du bist und wie du am besten über lange Zeit fokussiert lernen kannst. Probiere verschiedene Lerntechniken aus und erstelle dir einen Lernplan, der möglichst viel Abwechslung beinhaltet. Wenn du die Themengebiete nicht gut genug durchmischen kannst, füge genügend Pausen in deine Lernsessions ein.

Diffused Thinking

Kennst du die Situation, wenn du nach einer langen Lernrunde am Schreibtisch einen Spaziergang machst oder unter die Dusche springst und dir auf einmal ein Licht aufgeht? Plötzlich hast du eine zündende Idee oder eine ganz genaue Vorstellung von einem Sachverhalt. Ein Problem, das du die ganze Zeit gewälzt hast, liegt auf einmal mit einer Lösung vor deinem inneren Auge. Du fragst dich, wieso du nicht schon gestern auf diese völlig banale Lösung gekommen bist. Die Erklärung für dieses Phänomen ist so simpel wie genial und das Beste ist – du kannst diesen Mechanismus aktiv für dich nutzen. Ich spreche von Diffused Thinking.

Zuerst ein paar Hintergrundinformationen. Unser Gehirn kann grundsätzlich in zwei Zuständen arbeiten: fokussiert und nicht fokussiert. Das lässt sich mit einer Taschenlampe und einer Lupe verbildlichen. Wenn du mit der Taschenlampe auf einen Gegenstand leuchtest, wird auch seine Umgebung mit erhellt – der Lichtstrahl macht eine große Oberfläche sichtbar. Die Lupe hingegen ermöglicht es dir, eine Sache ganz genau zu betrachten. Du siehst jedes noch so kleine Detail. Beim Lernen haben beide Zustände unseres Gehirns ihre Berechtigung – und jeweils Vor- und Nachteile.

Während des Lernens ist das Gehirn im fokussierten Zustand: Du konzentrierst dich auf ein Thema und arbeitest daran – das Gehirn blendet angrenzende Wissensbereiche aus, da sie jetzt nicht von Nutzen sind. Im Gegensatz dazu bezieht Diffused Thinking das gesamte Gehirn mit ein. Du lässt deine Gedanken wandern und denkst an nichts Bestimmtes. Aber dein Unterbewusstsein arbeitet weiter und betrachtet Probleme und Gedanken im Lichtstrahl aller Gehirnregionen. Dadurch werden unterschiedliche Sichtweisen eingenommen und neue Verbindungen geknüpft, die dir regelmäßig zu neuen Erkenntnissen verhelfen.

Nun die Preisfrage: Wie kannst du den Zustand, in dem deine Gedanken frei wandern, bewusst herbeiführen, um die Vorteile für deinen Lernprozess einzusetzen? Wie zu Beginn dieses Kapitels erwähnt, kann es schon ausreichen, wenn du dein Umfeld oder deine Tätigkeit änderst. Du kannst duschen oder spazieren gehen, einen Powernap machen oder Sport treiben. Im Prinzip ist jede Tätigkeit geeignet, die das Gehirn nicht allzu sehr beansprucht oder sich auf einen komplett anderen Bereich bezieht. Entferne dich also von dem Problem oder dem Inhalt, über den du gerade nachdenkst, und nimm Abstand.

Praktischerweise arbeitet das Gehirn eines ADHSlers ohnehin sehr viel in beiden Zuständen (fokussiert und unfokussiert) – wir neigen zum Träumen und haben danach oft viel mehr Ideen, als wir aufschreiben oder umsetzen könnten. Wir lösen Probleme teils auf ganz andere Art als Normalos und wenn wir einmal fokussiert sind, dann länger und mit viel mehr Tunnelblick als die anderen. Mach dir diese Stärke zunutze und baue Diffused Thinking in deine Lerneinheiten ein.

Wenn du also beim Lernen abgelenkt wirst und aus der Spur gerätst, dann nutze diesen unfokussierten Zustand deines Gehirns. Lass dein Unterbewusstsein Verknüpfungen finden und neue Ideen entwickeln – und lerne dann weiter.

✎ **Aufgabe:**

Praktiziere Diffused Thinking und kombiniere konzentrierte Lerneinheiten mit Phasen, in denen du deine Gedanken schweifen lässt! Plane Phasen für das unfokussierte Denken ein – dazu eignet sich auch eine längere Pause zwischen zwei Lerneinheiten. Habe am besten Zettel und Stift in der Nähe, um Ideen und Lösungsansätze sofort notieren zu können.

Zusammenfassung

In der folgenden Übersicht habe ich die fünf Methoden, die dir dabei helfen, nach einer unkonzentrierten Phase wieder in die Spur zu finden, noch einmal für dich zusammengefasst. Erinnerst du dich an alle Konzepte? Hast du die Aufgaben schon erledigt?

Stärken-Schwächen-Analyse

Mithilfe dieses Werkzeugs findest du heraus, wo deine Stärken und Schwächen liegen. Auf diese Weise kannst du auf deine Schwächen reagieren und deine Stärken besser ausspielen.

Powernap

Dank eines Powernaps zur richtigen Zeit kannst du in zehn bis 30 Minuten Kraft und Energie für den restlichen Tag tanken.

Accountability Buddy

Ein Accountability Buddy ist ein Lernpartner, der deinen Fortschritt kontrollieren und dich zusätzlich motivieren soll. Diese Partnerschaft kann einseitig oder gegenseitig sein.

Abwechslung

Durch Abwechslung bei den Lernmethoden und Themen arbeitest du länger konzentriert und fokussiert. So kommst du auch nach einer Ablenkung schnell in den Lernmodus zurück.

Diffused Thinking

Diffused Thinking bedeutet, dass du bewusst Abstand von einem Problem nimmst und deinen Gedanken freien Lauf lässt. Währenddessen arbeitet dein Unterbewusstsein an der Lösung.

KAPITEL

9

LANGFRISTIGE PLÄNE SCHMIEDEN

Einleitung

Wenn ich in meiner Schulzeit Anfang September auf meinen (nur sehr spärlich gefüllten) Kalender sah, wusste ich ungefähr, wann die Klausuren stattfanden – am Ende des Halbjahres. Ich wusste auch, dass ich spätestens Mitte November mit Lernen anfangen sollte. Der September ging vorbei, ebenso der Oktober. November kam, ich hatte immer noch nicht gelernt. Dann, „ganz plötzlich“ kam die Klausurenwoche. Das Lernen hatte ich immer wieder auf später verschoben. Dieses „später“ war dann oft zu spät und auf einmal standen lauter schlechte Noten in meinem Halbjahreszeugnis.

So ergeht es uns, wenn wir keine langfristigen Pläne schmieden und keinen Überblick über das große Ganze haben. Um das Lernen mit ADHS gut managen zu können, solltest du jederzeit deine Aufgaben im Blick behalten, um sie fristgerecht, ordentlich und bestenfalls entspannt erledigen zu können. Dafür brauchst du Techniken, die dir eine langfristige Planung ermöglichen. Genau darum geht es in diesem Kapitel.

Es gibt eine Regel, die zeigt, wie viel Zeit wir sparen, wenn wir gründlich vorausplanen: die 10/90-Regel. Sie besagt: Durch zehn Prozent Planungszeit sparst du 90 Prozent Bearbeitungszeit.[26] Eine Stunde Planungszeit klingt nach einer ganzen Menge, aber wenn du durch diese eine Stunde ganze neun Stunden Bearbeitungszeit sparen kannst, wird daraus ein guter Deal. Ein sehr guter Deal sogar, wenn du mich fragst. Wenn du im Vorhinein genau weißt, wann du wo sein musst und welche Aufgaben zu erledigen sind, lebst du viel entspannter. Darüber hinaus beträgt der Mehraufwand an Organisation nur einen Bruchteil der Zeit, die du dadurch gewinnst. Es lohnt sich also, im Vorfeld zu planen und so auf Dauer Zeit und Energie zu sparen. Langfristige Pläne helfen dabei, Termine jeglicher Art einzuhalten, rechtzeitig mit dem Lernen für Klausuren anzufangen, die Prüfungsphase nicht zu vergessen und trotz alledem noch freie und unbeschwerte Tage zu genießen.

In diesem Kapitel erkläre ich dir zuerst, wie du dir eine Planungsroutine aufbauen kannst und wie sie dir dabei helfen wird, innerhalb kurzer Zeit dein Zeitmanagement stark zu verändern. Dann lernst du die ALPEN-Methode kennen, eine einfache Formel, um herauszufinden, wie viele Aufgaben du an einem Tag schaffen kannst und welche verschoben werden sollten. Anschließend bekommst du einige Tipps an die Hand, die dir dabei helfen, dein Jahr zu planen und im Überblick zu behalten. Danach erfährst du, wie du dir ein Frühwarnsystem aufbaust, das nicht nur für den Lernbereich geeignet ist. Zum Schluss zeige ich dir, wann und warum du einen Cheat Day einlegen kannst.

★ **Methoden in diesem Kapitel:**

- ✔ Planungsroutine
- ✔ ALPEN-Methode
- ✔ Jahresplanung
- ✔ Frühwarnsystem
- ✔ Cheat Day

Planungsroutine

Vom amerikanischen Präsidenten Benjamin Franklin stammt der Ausspruch „Wer versagt, zu planen, der plant, zu versagen.“[27] Das heißt, wenn du keinen Plan dazu erstellst, was heute, morgen, oder nächste Woche erledigt werden muss, dann wirst du deine Ziele höchstwahrscheinlich nicht erreichen. Du wirst wichtige Aufgaben nicht erledigen können – oder zumindest nicht gut. Wir ADHSler wollen häufig planen. Wir wissen an sich auch, dass es das Beste wäre, jetzt einen Plan für die kommenden Tage zu entwerfen. Jedoch schieben wir diese Tätigkeit lange vor uns her und vergessen sie schließlich ganz. Sei ehrlich: Wie oft startest du ohne einen Plan in die neue Woche und lässt stattdessen alles auf dich zukommen? Wenn es dir wie meinem früheren Ich geht: sehr häufig. Auf diese Weise kommen allerdings an einigen Wochentagen Termine auf dich zu, die deine „spontanen Pläne“ für den jeweiligen Tag durchkreuzen. Du wirst oft von unerwarteten To-dos überrascht und hast am Ende viel zu wenig Zeit für wichtige Aufgaben und angenehme Freizeitbeschäftigungen. Aus diesem Grund empfehle ich dir eine einfache, aber wirkungsvollen Gegenmaßnahme: eine Planungsroutine.

Routinen sind Handlungsabläufe, die wir immer wieder ausüben, bis sie tief in unserem Handeln verankert sind. Folglich geht es bei Planungsroutinen darum, dass du regelmäßig planst – täglich, wöchentlich, monatlich, alle zwei Monate und so weiter. Um Routinen und Gewohnheiten in deinem Leben zu etablieren, habe ich ein paar ADHS-erprobte Tipps für dich:

Fang klein an. Du musst nicht direkt das ganze Jahr oder den gesamten Monat durchplanen, denn das ist viel zu viel für den Anfang. Selbst Planungsprofis brauchen lange dafür – und das bist du (noch) nicht.

Erledige eins nach dem anderen. Teile deine Routinen in einzelne Schritte ein. Zum Beispiel so: Räume zuerst deinen Schreibtisch auf. Dann legst du den Kalender vor dich. Anschließend suchst du all deine

Termine für die kommende Woche heraus und schreibst sie dir in den Kalender. Als nächstes notierst du auf einem Blatt alle Aufgaben, die du für die Woche schon weißt – das kann eine Abgabe sein, eine Klausur, für die du lernen musst oder eine Präsentation. Fasse diese Aufgaben jetzt in Zeiteinheiten (vgl. Kapitel 3) zusammen und füge diese in deinen Wochenkalender ein. Bedenke die Pufferzeiten!

Mache es dir so leicht wie möglich. Ein Kalender, den du sehr einfach ausfüllen kannst und der übersichtlich gestaltet ist, senkt die Hemmschwelle, ihn zu benutzen. Der Kalender sollte wenige vorgefertigte Einträge haben (Kalenderwochen, Mondphasen etc. sind überflüssig) und genug Platz für deine eigenen Einträge lassen.

Binde neue Routinen an bereits vorhandene. Routinen lassen sich mithilfe sogenannter „Trigger" oder auch Auslösemechanismen etablieren. Suche dir eine routinierte Tätigkeit, die du immer ausführst, im Idealfall auch immer zur gleichen Zeit. Das kann Zähneputzen sein oder die abendlichen Dehnübungen. Schreibe dir einen Zettel und hänge ihn an den Spiegel im Bad, an deinen Schrank oder deine Zimmertür: „Nach dem Zähneputzen Tag planen!" Und das machst du dann auch.

Wie genau deine Planungsroutinen aussehen, kommt auf deine Technik und deine Vorlieben an. Je öfter du sie jedoch ausführst, desto schneller prägt sie sich ein und wird zu einem festen Teil deines Tages- und Wochenablaufs.

✎ Aufgabe:

Beginne heute mit einer Planungsroutine und binde das neue Ritual in deinen Alltag ein! Erinnere dich mit einem Zettel oder einer Nachricht im Handy daran.

ALPEN-Methode

Planung kann auf verschiedenen Ebenen und für verschiedene Zeiträume stattfinden. Sie kann kurz- oder langfristig sein. Auf den folgenden zwei Seiten widmen wir uns der kurzfristigen Planung, um genau zu sein der Tagesplanung. Dafür gibt es mehrere Konzepte, von denen wir uns eines näher anschauen: die ALPEN-Methode. Das Akronym ALPEN steht für:

A: Aufgaben und Termine notieren
L: Länge schätzen
P: Pufferzeiten einplanen
E: Entscheidungen treffen
N: Nachkontrolle

Diese Planungsmethode besteht demnach aus fünf einfachen Schritten, die wir uns jetzt gemeinsam ansehen. Als erstes sammelst du alle Aufgaben und Termine auf einer Liste. Dazu trägst du alles zusammen, was du heute zu erledigen hast. Idealerweise hast du bereits deine Prioritätenliste für den heutigen Tag erarbeitet, sodass du für diesen Punkt nur die Liste nehmen musst.

Dann schätzt du die Länge der einzelnen Aufgaben und Termine. Überlege dafür, wie viel Zeit du normalerweise für solch ein To-do brauchst. Wenn du beispielsweise ein Telefonat führen musst, kannst du überlegen, wie lange du das letzte Mal für diesen Gesprächspartner benötigt hast. Da die meisten ADHSler dazu neigen, die Dauer von Aktionen zu unterschätzen, rechnest du im nächsten Schritt Pufferzeiten zu deiner Einschätzung hinzu (vgl. Kapitel 3).

Anschließend musst du deine Liste etwas kürzen und dich entscheiden, welche der Aufgaben und Termine es in deinen heutigen Tagesplan schaffen. Du wirst nicht alle offenen Punkte erledigen können – dafür reicht die Zeit in der Regel nicht. Ziehe daher deine Ziele heran: Was möchtest du in dieser Woche oder in diesem Monat erreichen? Welche der Aufgaben auf deinem Plan bringen dich am schnellsten dahin? Übernimm die entsprechenden Aufgaben in den Tagesplan.

Achte auch darauf, dass die Summe aller Aufgaben und ihre Gesamtdauer die verfügbare Zeit nicht überschreitet – wenn du nur fünf Stunden Zeit hast, werden keine sieben Aufgaben, die jeweils eine Stunde dauern, hineinpassen. Erinnere dich dazu an das Zeitkonto aus Kapitel 2. Zuletzt nimmst du eine Nachkontrolle vor. Überlege dazu, ob du die Dauer einzelner Aufgaben wirklich realistisch eingeschätzt hast oder ob du doch ein paar Minuten mehr für einen Punkt einkalkulieren solltest. Bedenke auch, dass du dich nicht permanent zu 100 Prozent konzentrieren kannst. Deine Aufgabenliste sollte also nicht ausschließlich aus Lernaufgaben bestehen, sondern eine gewisse Abwechslung bieten.

Wenn du all diese Schritte befolgt hast, steht ein guter Plan für den Tag fest. Wenn du eine Aufgabe beginnst, startest du am besten einen Timer und notierst dir hinterher, wie lange du wirklich gebraucht hast – nach einer oder zwei Wochen wirst du verlässliche Durchschnittswerte für die Dauer einzelner Aufgaben haben, sodass du zuverlässigere Tagespläne erstellen kannst.

✎ **Aufgabe:**

Erstelle mithilfe der fünf Schritte der ALPEN-Methode einen Tagesplan für morgen! Überprüfe am Abend, ob der Plan aufgegangen ist oder ob du deinen Planungsprozess zukünftig anpassen musst.

Jahresplanung

Nachdem du nun mit der ALPEN-Methode ein wirkungsvolles Tool für die kurzfristige Planung kennst, wagen wir uns in diesem Kapitel etwas weiter in die Zukunft. Denn du solltest nicht nur tageweise, sondern auch auf Wochen und Monate hinaus planen und Termine, Fristen und Zeiträume im Blick behalten. Nur so wirst du dein Zeitmanagement langfristig verbessern und deine Lerneinheiten erfolgreich steuern können.

Den besten Überblick über sämtliche Termine wirst du haben, wenn du dir in Sichtweite deines Arbeitsplatzes einen Halbjahres- oder Jahreskalender aufhängst. Wenn er direkt neben dem Schreibtisch hängt und du alles darin einträgst, was du im Auge behalten musst, wirst du immer auf einen Blick wissen, wie viel Zeit noch bleibt. Wichtige Fristen und Deadlines werden dir so stets präsent sein und geraten nicht in Vergessenheit. Besorge dir dafür einen Kalender, dessen Felder groß genug sind, dass du etwas hineinschreiben kannst.

Im Anschluss trägst du alle Termine ein, egal, ob für die Schule, Uni, den Nebenjob oder privat. Markiere dann Ferien, Feiertage und weitere Zeiträume, in denen du nichts machen möchtest oder bereits etwas Privates geplant hast. Trage auch deine Ziele ein. Wenn am 3. März eine Klausur ansteht, schreibe in den Kalender, bis wann du eine Themenübersicht erstellt hast, wann du alle Karteikarten geschrieben haben möchtest und so weiter. Wenn du ein Referat halten sollst, dann trage im Kalender ein, wann du die Recherche beenden willst, wann du die Präsentation und das Handout erstellst.

Sobald du einzelne Aufgaben – zum Beispiel die Erstellung von Karteikarten für die zuvor erwähnte Prüfungsvorbereitung – erledigt hast, streichst du diese durch. Gleiches gilt natürlich für die Referatsplanung und -vorbereitung. Wann immer du ein Ziel oder eine Frist erreicht hast, kannst du diese durchstreichen. Dein Kalender muss nicht schön aussehen – er muss nützlich sein. Er soll dir mit einem schnellen und genauen

Überblick als Planungshilfe dienen. Zur Verdeutlichung habe ich einen Auszug vorbereitet:

Januar	Februar	März	April	Mai
1 Neujahr	1	1	1	1 Tag der Arbeit
2 Urlaub	2 Lernplanung	2	2 Klausur	2 Klausur
3 Urlaub	3 Themenübersicht	3 Urlaub	3	3
4 Urlaub	4	4 Urlaub	4 Klausur	4
5	5	5 Urlaub	5	5 Referat fertig
6	6 Karteikarten fertig	6 Urlaub	6	6
7	7	7	7 Recherche fertig	7

✎ Aufgabe:

Besorge dir einen (Halb-)Jahreskalender und platziere ihn gut sichtbar an deinem Arbeitsplatz! Trage alle Termine, Fristen, Aufgaben, Ziele und Urlaubszeiten ein. Streiche durch, was du erreicht hast und aktualisiere den Kalender regelmäßig.

Frühwarnsystem

„Das Frühwarnsystem ist eine Einrichtung, die als Warnsystem aufkommende Gefahren frühzeitig erkennt und Gefährdete möglichst schnell darüber informiert. Es soll [...] helfen, Gefahren abzuwenden oder Folgeerscheinungen zu mildern."[28] Das ist Wikipedias aktuelle Definition für Frühwarnsysteme – und obwohl sich diese Definition vor allem auf Katastrophen wie zum Beispiel Erdbeben bezieht, ist sie in gewissem Maße auch für dein Zeit- und Selbstmanagement passend. Damit ein Frühwarnsystem richtig funktioniert, werden verschiedene Anhaltspunkte beobachtet: Umgebungstemperatur, Luftfeuchtigkeit und Bodenbewegungen werden gemessen, das Verhalten von Menschen und Tieren wird betrachtet, die Erfahrungen aus der Vergangenheit mit eingerechnet. Wenn das Frühwarnsystem daraufhin eine Gefahr erkennt, gibt es ein Warnsignal ab, sodass sich alle auf ein Ereignis vorbereiten können. Solch ein Warnsignal kann verschiedene Formen haben – das bekannteste ist die Sirene.

Ein ähnliches Frühwarnsystem kannst du für dich selbst einrichten, wobei die Funktion dann das Abwenden von unerwünschten Konsequenzen ist. Du wirst also nicht vor einem Erdbeben gewarnt, sondern daran erinnert, dass du mit dem Lernen anfangen solltest, dass eine Klausur bevorsteht oder du ein Referat vorbereiten musst. Um ein gutes Frühwarnsystem zu erstellen, sind einige Vorkehrungen zu treffen. Zunächst einmal legst du fest, wovor du gewarnt, bzw. an was du gerne erinnert werden möchtest. Das kann ein Klausurtermin oder die Abgabe eines Referats sein. Du kannst dich auch daran erinnern lassen, dass dir nur noch 30 Tage bis zum Prüfungstermin bleiben. Auf diese Weise verlierst du deine Zeit nicht aus den Augen.

Hattest du in der Vergangenheit schon einmal mit Warnsignalen gearbeitet? Wenn ja, in welcher Form? Haben deine Freunde oder ein wachsender Aufgabenberg dich daran erinnert, dass bald die Abschlussklausuren anstehen? Oder gab es kein Warnsignal und alles kam „ganz plötzlich" auf dich zu? Wenn du vom Prüfungszeitraum, dem Klausurtermin oder dem Referat überrascht wurdest, dann hattest du zu dem Zeitpunkt kein funktionierendes Warnsignal eingerichtet. Ziehe aus diesen Erfahrungen eine Lehre und sammle Ideen, für welche „plötzlichen" Ereignisse du eine Erinnerung nötig hast.

Als Nächstes solltest du dich fragen, was in der Vergangenheit passiert ist, wenn du trotz eingerichtetem Warnsystem das Warnsignal nicht beachtet hast. Welche Konsequenzen hatte es, wenn du nicht rechtzeitig für eine Klausur gelernt hattest? Welche Note hast du für dein letztes Referat bekommen, als du das Handout auf den letzten Drücker abgegeben hast? Wie war es für dich, als die Prüfungen ganz plötzlich bevorstanden? Frage dich, warum du dieses Warnsignal nicht beachtet hast. Kam dir etwas dazwischen, hat dich etwas abgelenkt? Hast du es einfach nicht mitbekommen oder ignoriert? Wie kannst du ein Warnsignal so einrichten, dass du rechtzeitig aktiv wirst?

Dein Frühwarnsystem kann unterschiedliche Formen annehmen. Du kannst in einem Online-Kalender für alle Termine einen Alarm einstellen. Dann wirst du rechtzeitig benachrichtigt und kannst aktiv werden. Auf deinem Smartphone kannst du einen Wecker für ein bestimmtes Datum einstellen und ihn benennen – beispielsweise „Klausur in zwei Wochen: Fang mit dem Lernen an!" Darüber hinaus können auch Nachfragen durch Freunde und Familie zu deinem persönlichen Frühwarnsystem gehören.

✎ **Aufgabe:**

Richte dir ein Frühwarnsystem ein! Benutze dabei deinen Kalender oder dein Smartphone. Beziehe deine Umwelt mit ein und lass dich in regelmäßigen Abständen an bevorstehende Aufgaben, Termine und Ereignisse erinnern.

Cheat Day

Es gibt immer wieder Tage, an denen du dich schlecht fühlst. Dir ist unwohl, du bist krank oder hast einfach nur gar keine Lust, etwas zu leisten. Zudem möchtest du dich an einigen Tagen ausruhen oder spontan etwas unternehmen, das Spaß macht. Cheat Days sind der Joker, der dir genau das ermöglicht. Du kannst dir Stunden, ganze Tage oder sogar ein bis zwei Wochen freinehmen. Solche Cheat Days sind sowohl für deine körperliche als auch geistige Gesundheit wichtig. Wenn du permanent unter Spannung stehst, wirst du dich irgendwann verbiegen und dann brechen. Baust du allerdings – sofern möglich – Cheat Days oder zumindest Cheat Hours ein, kannst du gezielt entspannen und Druck von deinen Schultern nehmen.

Es gibt zwei Arten, Cheat Days in deinen Alltag einzubauen. Erstens kannst du auf deinen Kalender sehen und nachschauen, wie du vorankommst. Wenn du beispielsweise in einem Monat eine Präsentation halten sollst und mit der Vorbereitung sehr gut vorankommst, dann kannst du dir *spontan* zwischendurch einen Tag oder auch ein Wochenende frei nehmen und etwas mit deinen Freunden unternehmen.

Die zweite Möglichkeit (die ich dir auch empfehle) ist das feste *Einplanen* von Cheat Days. Lege Stunden oder Tage fest, an denen du nicht lernen wirst. Außerhalb des Prüfungszeitraums kann das ein Wochenende sein, im Prüfungszeitraum ein Tag pro Woche oder auch nur ein paar Stunden. Achte darauf, dass du dir nicht zu viele Cheat Days oder Cheat Hours gönnst. Wenn du sie nicht fest eingeplant hast, verschieben sie deinen Lern- und Zeitplan. Außerdem gerätst du aus dem Lernrhythmus, wenn du zu viele Unterbrechungen einlegst.

Sieh dir deinen Monats- oder Jahreskalender an und überlege, wo du Cheat Days einfügen kannst. Zu welchen Zeiten wirst du stark unter Stress stehen und einen Cheat Day dringend brauchen? Wann ist nicht ganz so viel zu tun? Sind die Tage dann voraussichtlich entspannt genug, dass du auch über längere Zeit hinweg keinen Cheat Day brauchst? Überlege dir im Vorfeld, was du gerne unternehmen würdest, wenn du freie Zeit hast und was dafür organisiert werden muss. Wenn du dir dann etwas Freizeit gönnen kannst, weißt du genau, was du machen möchtest. Auf diese Weise wirst du auf die nächsten Jahre und Jahrzehnte hinaus ein ausgeglicheneres Leben führen können als du es bisher getan hast – und das ist doch ein sehr motivierender Ausblick.

✎ **Aufgabe:**

Mach dir bewusst, dass du deine Planung nicht zu 100 Prozent einhalten kannst und nimm dir gelegentlich die Freiheit, einen Cheat Day einzulegen! Sieh dir deine Planung an und überlege, wo du Cheat-Zeiten einbauen kannst – seien es Stunden, Tage oder sogar ein bis zwei Wochen. Sorge nur dafür, dass diese Tage eine Ausnahme bleiben, damit du anschließend wieder konzentriert an deinen Zielen arbeiten kannst.

Zusammenfassung

In der folgenden Übersicht habe ich die fünf Methoden für eine bessere langfristige Planung noch einmal für dich zusammengefasst. Erinnerst du dich an alle Konzepte? Hast du die Aufgaben schon erledigt?

Planungsroutine

Durch regelmäßiges Planen sicherst du deinen langfristigen Erfolg und gehst deine Zukunft strukturiert an. Wenn du diese Routine aufgebaut hast, lebst du entspannter, weil du weißt, dass dein Zeitplan funktioniert.

ALPEN-Methode

Die ALPEN-Methode hilft dir bei einer effizienten Tagesplanung. Dazu führst du diese fünf Schritte durch: Aufgaben und Termine notieren, Länge einschätzen, Pufferzeiten einplanen, Entscheidungen treffen und eine Nachkontrolle durchführen.

Jahresplanung

Mit einer Jahresplanung hast du große Herausforderungen und wichtige Deadlines immer im Blick. Schaffe dir dazu einen Jahreskalender an und positioniere diesen gut sichtbar an deinem Arbeitsplatz.

Frühwarnsystem

Mithilfe eines Frühwarnsystems aus Benachrichtigungen kannst du dich rechtzeitig auf bevorstehende Ereignisse hinweisen lassen und dich darauf vorbereiten. Beziehe deinen Kalender, das Smartphone und dein Umfeld mit ein.

Cheat Day

Ein Cheat Day ist ein Tag, an dem du dir gezielt eine Auszeit nimmst. Du kannst ihn von vornherein einplanen oder spontan einlegen – Hauptsache, du bekommst ein wenig Abstand vom Alltag.

KAPITEL

10

DAUERHAFT MOTIVIERT BLEIBEN

Einleitung

Das letzte Halbjahr war für mich unglaublich stressig. Zu Beginn wirkte noch alles ganz harmlos – ein durchschnittlicher Januar, ein normaler Februar. Doch die Endphase meines Praktikums begann – die Firma zog um. Ich war mit Ein- und Auspacken beschäftigt, und das den ganzen Tag. Als ich das Praktikum beendet hatte, freute ich mich riesig über ein paar freie Tage. Aber es war nur eine Frage der Zeit, bis es wieder stressiger wurde. Der Praktikumsbericht musste geschrieben werden und parallel zog ich um. Ich hatte noch einen weiteren Nebenjob, den ich managen musste und das neue Halbjahr musste geplant werden. Im Sommer war eine Freizeit geplant, bei der ich mitarbeiten wollte – hierfür standen mehrere Vorbereitungstreffen an. Kurz danach begann ich mit der Arbeit an diesem Buch und musste auch diese Aufgabe einplanen. Meine To-do-Liste explodierte fast, der Druck und die Frustration wurden immer größer. Ohne die Techniken, die ich dir in diesem Kapitel vorstelle, hätte ich einiges aufgeschoben oder einfach eine schlechte Note im Studium riskiert.

Wenn du tage- oder sogar wochenlang an einer Sache arbeitest und nicht mehr vorankommst, ist das demotivierend. Du hast das Gefühl, auf der Stelle zu laufen und gegen Windmühlen zu kämpfen. Immer häufiger denkst du daran, aufzugeben, die Frustration steigt. Mit jedem Thema, das du gelernt hast, kommen zwei neue hinzu und deine To-do-Liste wächst stetig, obwohl du priorisierst und aussortierst.

Was du jetzt brauchst, um trotz all dieser Widrigkeiten am Ball zu bleiben, ist eine große Portion Motivation. Diese muss allerdings über lange Zeit anhalten, ein kurzer Sprint reicht da nicht aus. Wie überwindest du deine Konzentrationslosigkeit und Aufschieberitis? Wie bekämpfst du das Gefühl, trotz aller Anstrengungen nicht voranzukommen? Das klären wir jetzt.

Als erstes zeige ich dir, wie du mentale Bilder entwickelst und mit ihrer Hilfe deine Ziele nie wieder aus den Augen verlierst. Dann erfährst du, wie du in nur 18 Minuten am Tag den Überblick über deine Aufgaben und deinen Tag behalten kannst und so Fokus und Konzentration aufrechterhältst. Anschließend zeige ich dir, wie du ein Erfolgsjournal führst, sodass du jeden Tag motiviert beginnen und zufrieden ausklingen lassen kannst. Dann sprechen wir über Non-Zero Days und wie dir dieses Konzept hilft, in Schwung zu bleiben. Zum Schluss zeige ich dir noch, wie die Kettenregel funktioniert und warum sie ein sehr mächtiges Werkzeug ist, um nachhaltig motiviert zu bleiben.

★ **Methoden in diesem Kapitel:**

- ✔ Mentale Bilder
- ✔ 18-Minuten-Regel
- ✔ Journaling
- ✔ Non-Zero Days
- ✔ Kettenregel

Mentale Bilder

Elfmeterschießen im Finale der Fußballweltmeisterschaft: Der erste Schütze läuft an, schießt – daneben. Der zweite Ball wird gehalten und so langsam wird es eng für die Mannschaft. Dann kommt der beste Torjäger zum Zug und legt sich den Ball zurecht. Er betrachtet das Tor, sieht sich den Torwart an und schließt kurz die Augen. Dann läuft er an, schießt – und versenkt den Ball im Tor. Was geht im Kopf dieses Fußballers kurz vor dem Elfmeter vor? Er stellt sich vor, wie er den Ball mit einem lässigen Vollspannschuss in die linke Hälfte des Tores auf Hüfthöhe schießt und versenkt. Er sieht vor seinem geistigen Auge, wie Fans und Mannschaft aufspringen und jubeln. Was der Fußballer in diesem Beispiel macht, ist nicht nur unter Athleten, sondern in vielen Bereichen des Lebens eine gängige Methode. Menschen, die erfolgreich sind, haben oft mentale Bilder vor Augen. Genau darum geht es auf den folgenden zwei Seiten.

Mentale Bilder sind eine ganz klare, konkrete Vorstellung von dem, was du einmal erreichen möchtest. Richtig angewendet sind sie kraftvoll und können deine Motivation und Zuversicht stärken. Sieh dir noch einmal die Vision an, die du in Kapitel 1 erstellt hast. Dort hast du festgelegt, wo du auf lange Sicht im Leben hinwillst und wie deine Zukunft sein soll. Du hast Motive und Werte gesammelt, die dir wichtig sind – jetzt musst du dazu Bilder finden, die du in deiner Vorstellung immer wieder aufrufen und ansehen kannst. Die Technik, die du dazu brauchst, nennt sich Visualisierung. Sie bedeutet, dass du dir nicht nur ungefähr vorstellst, wie deine Zukunft sein wird, sondern ein detailliertes, klares Bild vor Augen hast. Diese Vision beinhaltet idealerweise auch Geräusche und Gefühle.

Sehen wir uns ein Beispiel dazu an. Angenommen, deine Vision beinhaltet gute Abschlussnoten. Wie fühlst du dich, wenn du dein Abschlusszeugnis in den Händen hältst? Dein Bauch kribbelt vor Freude und du möchtest allen von deinem großartigen Erfolg erzählen. Deine

Familie und Freunde umarmen dich und ihr feiert deinen Abschluss mit einem richtig guten Essen im Restaurant. Du siehst dir immer wieder dein Zeugnis an, auf dem einer der wichtigsten Erfolge deines bisherigen Lebens festgehalten ist. In diesem Moment gehört die Welt dir – und genau dieses Gefühl und diese Aussicht erscheinen ganz klar vor deinem inneren Auge.

Doch nicht nur für Ziele, die in der Ferne liegen, sind mentale Bilder geeignet. Du kannst sie täglich einsetzen. Stelle dir vor, wie du konzentriert und fokussiert am Schreibtisch sitzt und der Stapel an Karteikarten stetig kleiner wird. Male dir ein ganz klares Bild vor Augen, wie du alle Ablenkungen ignorierst und dich nachmittags zufrieden vom Schreibtisch erhebst – du hast alles geschafft, was du heute schaffen wolltest.

Du kannst dir deine mentalen Bilder auch physisch vor Augen halten. Drucke Fotos von Motiven aus, mit denen du Erfolg oder Glück verbindest. Schreibe Sprüche auf, die dich inspirieren und dir Kraft geben. Diese Fotos und Sprüche (und was dir sonst noch einfällt, um dir deine Vision nicht nur vorzustellen) hängst du auf. Ob Pinnwand, Magnettafel oder dein Schrank – Hauptsache, du hast diese Bilder vor Augen. Wenn du dir deinen Erfolg und deine Wünsche regelmäßig vor Augen hältst und auf diese Ziele hinarbeitest, steht dir nichts mehr im Weg. Deine mentalen Bilder motivieren dich dauerhaft, dein Bestes zu geben und am Ball zu bleiben.

✎ **Aufgabe:**

Erstelle ein mentales Bild zu deiner Vision! Stelle dir ganz genau vor, wo du heute, morgen oder in weiterer Zukunft stehst und was du erreicht hast. Visualisiere diese Vorstellungen so detailliert wie möglich und halte sie dir immer wieder vor Augen.

18-Minuten-Regel

Für uns ADHSler ist es schwierig, über einen längeren Zeitraum oder gar den gesamten Tag hinweg konzentriert zu lernen. Eine kluge Tagesstruktur hilft dabei, zwischendurch Luft zu holen und Kraft zu tanken. Mit der 18-Minuten-Regel teilst du deinen Tag in kleine produktive Einheiten auf und behältst zudem auch deine (täglichen) Ziele im Blick. Gerade, wenn dir nur wenig Zeit zur Tagesplanung bleibt und du dennoch effizient lernen möchtest, ist diese Methode ideal.

Das Konzept besteht aus drei Schritten: Zunächst nimmst du dir jeden Morgen fünf Minuten Zeit, um deinen Tag zu planen. Dabei stellst du dir folgende Fragen:

- ✔ Welche Aufgaben möchte ich heute erledigen?
- ✔ Wie lauten meine Prioritäten für heute?
- ✔ Was ist heute mein wichtigstes Ziel?

Die entsprechenden Antworten notierst du auf einer Liste. Dann nimmst du dir im Lauf des Tages nach jeder Stunde eine Minute Zeit. Stelle dir dafür am besten einen Wecker. In dieser Minute hältst du inne und beantwortest folgende Fragen – das muss nicht schriftlich passieren:

- ✔ War ich in der vergangenen Stunde produktiv?
- ✔ Habe ich an meinen wichtigsten Aufgaben gearbeitet?
- ✔ Was kann ich besser machen?

Dann lernst du weitere 60 Minuten. Am Abend rekapitulierst du fünf Minuten lang den vergangenen Tag. Die folgenden Fragen helfen dir dabei:

- ✔ Was habe ich heute erreicht?
- ✔ Bin ich mit meiner heutigen Leistung zufrieden?
- ✔ Was könnte ich besser machen?

Fünf Minuten am Morgen, acht Mal eine Minute über den Tag und nochmal fünf Minuten am Abend ergeben insgesamt 18 Minuten. Daher der Name dieser Methode. Wenn du dieses Vorgehen jeden Tag wiederholst, bist du mit nur 18 Minuten am Tag auf Zielkurs – denn durch die regelmäßigen Unterbrechungen verlierst du dein jeweiliges Tagesziel nie aus den Augen.

Diese simple Technik hilft dabei, dich und dein Handeln permanent selbst zu reflektieren. Wenn du merkst, dass du nicht mehr auf dem schnellsten und besten Weg zu deinem Tagesziel bist, das du dir morgens vorgenommen hast, kannst du frühzeitig die Richtung ändern. Dadurch bleibst du den ganzen Tag lang motiviert und sparst zudem viel Zeit. Die 18 Minuten basieren auf einem durchschnittlichen Arbeitstag von acht Stunden, doch du kannst selbstverständlich deine Arbeitszeit und somit auch die Minutenzahl anpassen. Dann sind es bei einem Marathonlerntag 24 Minuten und wenn dein Lernpensum geringer ist, nur 14 Minuten.

✎ **Aufgabe:**

Strukturiere mit der 18-Minuten-Regel deinen Tag! Beginne mit einer fünfminütigen Planung, gefolgt von einer produktiven Stunde. Danach stellst du dir die Kontrollfragen und fährst auf diese Weise fort. Behalte über den Tag hinweg dein Ziel im Auge und rekapituliere abends deinen Tag.

Journaling

„Liebes Tagebuch, heute war ein doofer Tag. Erst bin ich zu spät aufgestanden, dann habe ich den Bus verpasst und außerdem hat es geregnet. Mein Tagesziel habe ich wieder nicht geschafft. Ich gehe jetzt ins Bett, hoffentlich wird die Nacht nicht wieder so mies.“

Unter Journaling ist „Tagebuch schreiben“ zu verstehen – aber die Variante, die du da gerade gelesen hast, ist damit nicht gemeint. Das ist eher der klassische Tagebucheintrag eines Jammerlappens. Nein, das Journal, was ich hier meine, ist ein Erfolgsjournal. Viele der erfolgreichsten Menschen führen ein solches Erfolgsjournal. Das Besondere daran ist, dass du nicht deine Gefühle oder einen Tagesablauf festhältst und auch nicht einfach einen Text schreibst. Ein Erfolgsjournal hat eine klare Struktur, die deine Gedanken gliedert und leitet und es dir ermöglicht, jeden Tag deine Handlungen, Erfolge und Niederlagen zu rekapitulieren und zu bewerten.

Ein gut geführtes Erfolgsjournal zeigt dir, welche Fortschritte du gemacht hast, was richtig gut gelaufen ist und wo noch Verbesserungsbedarf besteht. Das bezieht jeden Bereich deines Lebens ein. Um das Beste aus einem Erfolgsjournal zu holen, führst du es täglich. Du analysierst am Tagesende, was passiert ist und hinterfragst dein Handeln. Machst du das jeden Abend, kristallisieren sich wertvolle Erkenntnisse heraus, die es dir ermöglichen, dich weiterzuentwickeln. Manche Journals werden morgens und abends geführt. Gängige Fragen in einem Erfolgsjournal sind:

- ✔ Was möchte ich heute erreichen?
- ✔ Was ist meine wichtigste Aufgabe?
- ✔ Wie war mein Tag?
- ✔ Was lief heute gut?
- ✔ Was kann ich morgen besser machen?
- ✔ Wofür bin ich dankbar?

Gerade die Dankbarkeitsfrage ist unglaublich wichtig, um den Tag mit einem positiven Gedanken abzuschließen. So schläfst du besser und gehst motivierter und zufriedener in den neuen Tag. Es gibt viele Gründe, um dankbar zu sein – und sei es nur das Lächeln des Kleinkindes in der Bahn oder die Tatsache, dass dir jemand die Tür aufgehalten hat. Sei bei der Antwort auf die Dankbarkeitsfrage ausführlich.

Auch, wenn dir deine ADHS häufig ein Bein stellt, gibt es unglaublich viele Gründe, dankbar zu sein – doch wir übersehen sie oft. Wir sehen, dass wir zu lange für eine Aufgabe gebraucht haben, uns verspätet haben, wieder jemandem ins Wort gefallen sind. Wir vergessen jedoch schnell, dass wir eine sehr gute Note bekommen haben, jemandem den Weg zeigen konnten und ein richtig gutes Gespräch mit dem besten Freund geführt haben. Durch den täglichen „Statusbericht" weißt du genau, wo du auf deinem Weg stehst und wohin es als nächstes gehen soll. Du siehst, wo du möglicherweise falsch abgebogen bist, was dich glücklich bzw. unglücklich macht und wo es Anpassungsmöglichkeiten gibt. Diese tägliche Rückschau wird dir dabei helfen, langfristig motiviert zu bleiben.

✎ **Aufgabe:**

Führe ab sofort ein Erfolgsjournal und starte direkt mit dem ersten Eintrag! Orientiere dich an den obenstehenden Fragen und rekapituliere entweder den heutigen Tag (wenn er bereits abgeschlossen ist) oder den vergangenen Tag als Übung für heute Abend.

Non-Zero Days

Es ist 21 Uhr und du blickst auf den Tag zurück. Irgendwie ist heute nicht viel passiert, du hast gefühlt nichts geschafft. Klar, du bist rechtzeitig aufgestanden, hast ein bisschen gelesen und ein paar Alibi-Aufgaben erledigt. Aber der fade Nachgeschmack bleibt, dass heute ein unproduktiver Tag war. Wenn du auf deine Ziele schaust, hast du das Gefühl, dass du nicht einen einzigen Schritt weitergekommen bist. Leider läuft das schon seit zwei Wochen so. Der Aufgabenberg türmt sich, die Deadline rückt näher und trotzdem kommst du nicht in einen richtigen Lern- und Arbeitsflow.

Wenn es dir so geht, dann kennst du sicherlich das Konzept der Non-Zero Days noch nicht. Höchste Zeit, das zu ändern! Ein Non-Zero Day ist ein Tag, an dem du nicht nichts machst. Du erledigst also wenigstens eine klitzekleine Kleinigkeit, die dich einem deiner Ziele etwas näherbringt. Hauptsache, mehr als nichts.

Du wirst ein Ziel nicht erreichen, indem du darüber nachdenkst oder es dir ansiehst. Du musst darauf zugehen, darauf hinarbeiten – jeden Tag ein bisschen. Stell dir dein Leben wie eine Wanderung auf einen hohen Berg vor. Du bist zu Beginn im Base Camp und läufst motiviert los. Die ersten Höhenmeter schaffst du gut und schnell, aber dann beginnt die Anpassungsphase. Jetzt kannst du nur noch langsam gehen, Schritt für Schritt, ruhig, kontinuierlich. Aber du bleibst in Bewegung. Du bleibst nicht stehen, und so kommst du irgendwann mit Ausdauer und vielen kleinen Schritten am Gipfelkreuz an. Du hast dein Ziel endlich erreicht.

Das alles hast du Stück für Stück geschafft – nicht in einem großen Sprint. Hierfür gibt es die Non-Zero Days. Kein Tag, an dem du nichts machst. Es muss nichts Großes sein – kein ganzes Kapitel lesen, nicht zehn Seiten schreiben oder keine 100 Vokabeln lernen. Es geht nur darum, einen kleinen Schritt in die richtige Richtung zu machen.

Diese Systematik kannst du auf alle Lebensbereiche (nicht nur das Lernen) übertragen. Passende Miniaktionen könnten so etwas sein wie:

- ✔ eine Karteikarte schreiben
- ✔ zwei Seiten im Fachbuch lesen
- ✔ eine Ecke des Schreibtischs aufräumen
- ✔ fünf Liegestütze machen
- ✔ ein Glas Wasser trinken
- ✔ fünf Minuten Gitarre spielen
- ✔ drei Vokabeln lernen usw.

Stell dir vor, du gehst jeden Tag im Monat einen solchen Minischritt. Übertragen auf die Beispiele wären das 30 Karteikarten, 60 gelesene Seiten, ein permanent ordentlicher Schreibtisch, 30 Äpfel und mehr als zwei Stunden Gitarre üben – so kommt einiges zusammen!

Um dir den Beginn einfacher zu machen, kannst du diese Miniaktionen an bereits etablierte Gewohnheiten aus deinem Alltag knüpfen: Beim Zähneputzen lernst du drei Vokabeln, während das Teewasser kocht, liest du zwei Seiten im Fachbuch und nach jedem Händewaschen schreibst du eine Karteikarte. Suche dir Gewohnheiten, die du jeden Tag durchführst und knüpfe Miniaktionen daran – auf diese Weise vergisst du sie nicht und kommst deinem Ziel ganz automatisch Stück für Stück näher. Übrigens solltest du erst einmal mit einer Miniaktion pro Tag beginnen, denn sonst besteht die Gefahr, dass du dich übernimmst und den Spaß an deiner neuen Herausforderung verlierst.

✎ Aufgabe:

Setze Non-Zero Days ein und arbeite ab sofort jeden Tag ein klein wenig an deinen Zielen! Bestimme eine konkrete Miniaktion zum Thema „Lernen“ und überlege dir, an welche Gewohnheiten du sie knüpfen kannst. Beginne noch heute mit deiner neuen Routine.

Kettenregel

Non-Zero Days lassen sich ausgezeichnet mit der folgenden Erfolgsstrategie kombinieren: der Kettenregel. Es gibt wenige Dinge, die befriedigender sind als eine lange Kette von Erfolgen und Gewinnen. Beim Sport wird das besonders deutlich: Wenn der Lieblingsverein den fünften Sieg in Folge feiert und in der Tabelle immer weiter zur Spitze rückt (oder sogar schon dort angekommen ist), ist das schon als Fan ein Grund zur Freude – wie viel mehr erst als Spieler oder Trainer dieser Mannschaft? Eine solche Kette von Erfolgen möchte niemand abreißen lassen, denn sie motiviert ungemein. Diese Motivation kannst du gezielt herbeiführen und dann für dich nutzen. Wie das funktioniert, erfährst du auf den folgenden zwei Seiten.

Im ersten Kapitel hast du bereits gelernt, dass eine Vision, die du dir stets vor Augen führst, große Kraft entfalten kann. Du siehst, was du erreichen möchtest und willst deinem Ziel unbedingt näher kommen. Dafür musst du stets in Bewegung bleiben – stehenbleiben und das Ziel aus der Ferne betrachten bringt dich ihm nicht näher. Anders ist es, wenn du jeden Tag ein wenig darauf hinarbeitest, denn viele kleine Schritte und Taten summieren sich zu einem großen Erfolg. So, wie die Artisten im Zirkus jeden Tag am Hochseil trainieren, musst auch du jeden Tag etwas tun, um deine Ziele zu erreichen. Dieses „etwas“ ist schon mit ein paar kleinen Einheiten erledigt (siehe Non-Zero Days).

Um vor Augen zu behalten, wie viel du schon geschafft hast, kannst du die Kettenregel einsetzen. Dazu organisierst du dir einen Monatskalender auf Papier oder zeichnest dir einfach selbst einen. Wichtig ist, dass du den ganzen Monat auf einen Blick siehst und nicht blättern musst. Jetzt schreibst du ein Ziel über diesen Kalender. „Ich lese jeden Tag zehn Seiten“ ist ebenso gut wie „Ich arbeite jeden Tag 20 Minuten an Thema XYZ“. Jedes Mal, wenn du dein Tagesziel erreicht hast, markierst du nun den entsprechenden Tag in deinem Kalender mit einem großen roten X. Jeder weitere Tag, an dem du etwas für dein Ziel getan hast, wird mit einem X gekennzeichnet, sodass die Kette deiner Erfolge immer länger wird. Schon nach kurzer Zeit sieht dein Kalender dann in etwa so aus:

1 X	2 X	3 X	4 X	5 X	6 X	7 X
8 X	9 X	10 X	11 X	12 X	13 X	14 X
15 X	16 X	17	18	19	20	21
22	23	24	25	26	27	28
29	30	31				

Mit dieser Methode machst du deine Erfolge sofort sichtbar. Du siehst, was du bereits erreicht hast – damit ist die Kettenregel eine einfache und gleichzeitig wirkungsvolle Methode, deinen Weg zu verfolgen. Diese Visualisierung deiner Erfolge entfaltet auf Dauer eine ungeheure Motivation und hilft dir, produktive Gewohnheiten zu etablieren. Denn dein Job ist es jetzt, die Kette nicht mehr abreißen zu lassen. Dafür ist lediglich eine kleine Aktion nötig, die dich deinen Zielen näherbringt – jeden Tag.

Aufgabe:

Setze die Kettenregel ein und mach auf diese Weise deine Erfolge sichtbar! Erstelle einen Monatskalender und schreibe ein konkretes Ziel darüber. Jeden Tag, an dem du dieses Ziel erreicht hast, markierst du mit einem X. Nun musst du die Kette nur noch weiterführen – lass sie niemals abreißen. Falls es dir doch einmal passiert: Starte direkt eine neue Kette!

Zusammenfassung

In der folgenden Übersicht habe ich die fünf Methoden für dauerhafte Motivation noch einmal für dich zusammengefasst. Erinnerst du dich an alle Konzepte? Hast du die Aufgaben schon erledigt?

Mentale Bilder

Mithilfe mentaler Bilder hast du stets eine klare und detaillierte Vorstellung von deinem Ziel. Du hast vor Augen, wie du dich fühlen und was du sehen wirst, wenn du angekommen bist.

18-Minuten-Regel

Du brauchst über den gesamten Tag verteilt nur 18 Minuten Zeit, in denen du dir Gedanken über den Tagesverlauf machst. Was soll heute passieren? Wie kommst du mit deiner Arbeit voran? Wie war der Tag?

Journaling

In einem Erfolgsjournal kannst du festhalten, was heute gut gelaufen ist und was du morgen besser machen willst. So kannst du am nächsten Tag versuchen, die entsprechenden Erkenntnisse umzusetzen.

Non-Zero Days

Ein Non-Zero Day ist ein Tag, an dem du nicht nichts machst – also ein Tag, an dem du zumindest ein klein wenig an einem deiner Ziele arbeitest und damit eine produktive Gewohnheit verstärkst.

Kettenregel

Die Kettenregel hilft dir dabei, neue Gewohnheiten aufzubauen, indem du jeden Tag an einer bestimmten Aufgabe arbeitest. Mithilfe eines Wandkalenders kannst du diese Erfolge visualisieren. Lass die Kette von durchkreuzten Tagen nicht abreißen.

SCHLUSS-WORT

Du hast es geschafft!

Gut gemacht! Du hast durchgehalten und bist am Ende dieses Buches angekommen. Hinter dir liegt eine lange Reise, auf der du die Besonderheiten vom Lernen mit ADHS kennengelernt hast. Nun weißt du, wie du dich in Schule und Studium besser konzentrieren und den nächsten Schritt in deiner persönlichen Entwicklung machen kannst. Damit du noch einmal einen schnellen Überblick über alle Inhalte bekommst, fassen wir die Kapitel hier zusammen.

Anfangs haben wir uns orientiert. Wir haben eine Vision für dein Leben entworfen und deine Stärken identifiziert. Du weißt jetzt, welche Lebensbereiche für dich wirklich wichtig sind und wie du Ziele für diese Lebensbereiche mit der 3-P-Regel festlegen kannst. Darüber hinaus hast du gelernt, wie du dir nach einem Fehler vergeben und dann eine Kurskorrektur vornehmen kannst.

Danach haben wir Prioritäten gesetzt und zwei Zeitkonten entworfen – ein tägliches und ein wöchentliches. Wir haben mithilfe des Pareto-Prinzips deine To-do-Liste minimiert und sie mit der ABC-Analyse und der Eat-the-frog-Methode zu einer Prioritätenliste umfunktioniert. Dank der Not-to-do-Liste weißt du jetzt außerdem, was du nicht tun wirst.

Anschließend haben wir klare Strukturen geschaffen. Du hast gelernt, wie du einen Terminkalender einrichten kannst und mit ihm nie wieder zu spät kommst oder etwas vergisst. Mithilfe von Task Chunks und Time Boxing kannst du jetzt deine Aufgaben geschickt einteilen. Du weißt, wie nützlich Pufferzeiten sind und wie du Deadlines richtig einsetzen kannst.

Im nächsten Schritt haben wir eine produktive Arbeitsatmosphäre hergestellt. Du hast gelernt, wie du am besten deinen Schreibtisch einrichten und die Beleuchtung installieren solltest. Du weißt jetzt auch, dass Fidget Tools dir beim Denken helfen können – und dass dein Gehirn die richtigen Nährstoffe und Ruhe braucht, um zuverlässig und langanhaltend zu funktionieren.

Darüber hinaus haben wir gelernt, wie du in eine Lernsession einsteigen kannst. Mithilfe von Reproduktionsmethoden bereitest du dein Gehirn darauf vor, Wissen wiederzugeben und neu aufzunehmen. Die First-Brick-Methode und Fünf-Minuten-Regel helfen dir dabei, klein anzufangen. Du hast Anreizsysteme kennengelernt und weißt nun, dass Lernpartner eine große Hilfe sein können, wenn es darum geht, in die Materie einzusteigen.

Außerdem haben wir uns um deinen Fokus gekümmert. Dafür habe ich dir die Fokus-Frage vorgestellt und dir erklärt, warum du – wie ein Pferd mit Scheuklappen – nicht von deinem Plan abweichen solltest. Du weißt jetzt auch, warum Monotasking besser als Multitasking ist. Darüber hinaus hast du gelernt, wie du Fokus-Software und Gamification beim Lernen einsetzen kannst.

Um über Stunden hinweg konzentriert lernen zu können, kommst du an der Pomodoro-Technik nicht vorbei. Weitere Hilfsmittel sind aktive Pausen, Goal Tracking und eine Side List. Besonders wichtig für uns ADHSler ist zudem der Unperfektionismus.

Um nach einer Ablenkung wieder motiviert in Lernstimmung zurückzufinden, haben wir deine Stärken und Schwächen analysiert. Powernaps halten dich lange fit und ein Accountability Buddy kann dir helfen, mit Begeisterung bei der Sache zu bleiben. Abwechslung und Diffused Thinking helfen dir außerdem dabei, neue Impulse in deinen Alltag einzubauen und länger lernen zu können.

Eine feste Planungsroutine hilft dir, langfristige und trotzdem flexible Pläne zu schmieden. Eine wichtige Technik für deine Aufgabenplanung ist die ALPEN-Methode. Außerdem haben wir einen Jahresplan erstellt, ein Frühwarnsystem entworfen und Cheat Days eingeplant.

Zum Schluss hast du gelernt, wie du dauerhaft motiviert bleiben kannst. Mentale Bilder versetzen dich in die Lage, jederzeit deine Wunschzukunft zu sehen. Mithilfe der 18-Minuten-Regel und einem Erfolgsjournal hast du stets einen Überblick über deine Erfolge – und auch die Motivation, weiterzumachen. Non-Zero Days und die Kettenregel ermöglichen dir, lange am Ball zu bleiben und das gleichzeitig zu visualisieren.

Du hast dich durch insgesamt 50 Techniken gearbeitet und genau so viele To-dos erledigt – das war nicht immer einfach. Aber du hast nicht aufgegeben und hast jetzt das Handwerkszeug, um konzentriert zu lernen. Doch jetzt musst du trainieren, bis die Methoden sitzen. Dafür habe ich als Abschiedsgeschenk noch einen Trainingsplan für dich erstellt. Du findest ihn auf der nächsten Seite.

Ich wünsche dir viel Erfolg!

Sara Dörwald

Hol dir hier das Bonusmaterial ab:

www.studienscheiss.de/bonus-lernen-mit-adhs

Dein Trainingsplan

Damit du die 50 Methoden aus diesem Buch einfacher ausprobieren und anwenden kannst, habe ich einen passenden Trainingsplan für dich erstellt. Wenn du alle Methoden ausprobierst und dir einen Tag pro Woche frei nimmst, bist du nach zwei Monaten fertig. Viel Erfolg!

Tag 1: Stärken identifizieren	*Tag 2:* Eine Vision entwerfen	*Tag 3:* Lebensbereiche definieren	*Tag 4:* Ziele festlegen	*Tag 5:* Korrekturen vornehmen
Tag 6: Zeitkonto	*Tag 7:* Frei	*Tag 8:* Pareto-Prinzip	*Tag 9:* ABC-Analyse	*Tag 10:* Eat-the-frog-Methode
Tag 11: Not-to-do-Liste	*Tag 12:* Termin-kalender	*Tag 13:* Task Chunks	*Tag 14:* Frei	*Tag 15:* Time Boxing
Tag 16: Pufferzeiten	*Tag 17:* Deadlines	*Tag 18:* Schreibtisch aufräumen	*Tag 19:* Beleuchtung	*Tag 20:* Fidget Tools
Tag 21: Frei	*Tag 22:* Brain-Food	*Tag 23:* Ruhe	*Tag 24:* Reproduktion	*Tag 25:* First-Brick-Methode
Tag 26: Fünf-Minuten-Regel	*Tag 27:* Anreiz-systeme	*Tag 28:* Frei	*Tag 29:* Lernpartner	*Tag 30:* Fokus-Frage

Tag 31: Scheuklappen-technik	*Tag 32:* Monotasking	*Tag 33:* Fokus-Software	*Tag 34:* Gamification	*Tag 35:* Frei
Tag 36: Pomodoro-Technik	*Tag 37:* Aktive Pausen	*Tag 38:* Goal Tracking	*Tag 39:* Side List	*Tag 40:* Unperfektio-nismus
Tag 41: Stärken-Schwächen-Analyse	*Tag 42:* Frei	*Tag 43:* Powernap	*Tag 44:* Accountability Buddy	*Tag 45:* Abwechslung
Tag 46: Diffused Thinking	*Tag 47:* Planungs-routine	*Tag 48:* ALPEN-Methode	*Tag 49:* Frei	*Tag 50:* Jahres-planung
Tag 51: Frühwarn-system	*Tag 52:* Cheat Day	*Tag 53:* Mentale Bilder	*Tag 54:* 18-Minuten-Regel	*Tag 55:* Journaling
Tag 56: Frei	*Tag 57:* Non-Zero Days	*Tag 58:* Kettenregel	*Tag 59:* Frei	*Tag 60:* Frei

ENDE

Infos zum Buch

Konzentriert lernen mit ADHS ist kein normales Fachbuch, vollgestopft mit unverständlicher Theorie – es ist eine Sammlung praktischer Techniken, mit denen du fokussierter und erfolgreicher lernen kannst. Dazu stammt dieses Werk nicht von irgendwelchen Psychologen oder Sonderpädagoginnen, die dir von oben herab erklären, wie deine ADHS funktioniert. Nein, es handelt sich hier um die persönliche Empfehlung einer ADHSlerin, die gelernt hat, mit ihrer ADHS glücklich und erfolgreich durchs Leben zu gehen. Die Strategien aus diesem Buch sind also praxiserprobt und für den täglichen Einsatz geeignet. Das macht dieses Buch so wertvoll und einmalig.

Aber das ist noch nicht alles: Dieses Buch wurde von unserem kleinen Studienscheiss-Verlag fair und hochwertig produziert. Wir arbeiten mit regionalen Designern, Lektoren und Druckereien zusammen und lassen unsere Bücher komplett in Deutschland herstellen. Alle an der Produktionskette beteiligten Partner werden von uns fair behandelt – und bezahlt. Allesamt kleine und mittelständische Unternehmen, die mit Herzblut bei der Sache sind und mit denen wir ein gemeinsames Ziel verfolgen: wunderschöne Produkte zu erzeugen, die unsere Leserinnen und Leser glücklich machen.

Deswegen gibt es unsere gedruckten Bücher nur in hochwertigen Formaten, mit modernem Buchsatz und aus recyceltem Papier. Für schmalere Budgets bieten wir unsere E-Books zum deutlich reduzierten Preis an. Unsere Bücher entstehen unter nachhaltigen Produktionsbedingungen, schonen die Umwelt und fördern die regionale Wirtschaft. Und genau das unterstützt du, weil du dir dieses Buch zugelegt hast.

High five dafür!

Quellenangaben

1. ADHS Deutschland e. V.: „ADHS / ADS", http://www.adhs-deutschland.de/Home/ADHS/ADHS-ADS/Haeufigkeit.aspx, 2011-2013, abgerufen am 26.07.2020.
2. Planet-Beruf: „Was heißt denn hier „persönliche Stärken?", https://planet-beruf.de/tr/schuelerinnen/meine-talente/berufe-universum/weitere-beitraege-berufe-universum/definition-staerken/, 2019, abgerufen am 10.08.2020.
3. Püttjer & Schnierda: „Stärken Vorstellungsgespräch 100 Beispiele, Frage, Antworten", https://www.karriereakademie.de/staerken-vorstellungsgespraech#simpletable-of-contents-2, 2020, abgerufen am 10.08.2020.
4. Stangl: „Verzeihen fördert die Gesundheit", https://psychologie-news.stangl.eu/538/verzeihen-fordert-die-gesundheit, Veröffentlichungsjahr, abgerufen am 10.08.2020.
5. Mai: „Pareto-Prinzip: Die Gefahr der 80-20-Regel", https://karrierebibel.de/pareto-prinzip/, 2019, abgerufen am 10.08.2020.
6. Tracy: Eat that frog, GABAL Verlag, 4. Auflage 2006, S. 14.
7. Tracy: Eat that frog, GABAL Verlag, 4. Auflage 2006, S. 15.
8. Jungwirth: „Parkinsons Gesetz: Warum wir so viel Zeit verschwenden", https://www.inloox.de/unternehmen/blog/artikel/parkinsons-gesetz-warum-wir-so-viel-zeit-verschwenden/, 2019, abgerufen am 10.08.2020.
9. Frankfurter Rundschau: „Chaos auf dem Schreibtisch fördert die Kreativität" https://www.fr.de/ratgeber/karriere/chaos-schreibtisch-foerdert-kreativitaet-11086441.html, 2017, abgerufen am 10.08.2020.
10. Werth et al.: „Psychologische Befunde zu Licht und seiner Wirkung auf den Menschen – ein Überblick", in: Bauphysik, 2013, Jg. 35, Nr. 3, S. 193 ff.
11. Dempsey-Jones: „The Surprising Science of Fidgeting", https://www.fr.de/ratgeber/karriere/chaos-schreibtisch-foerdert-kreativitaet-11086441.html, 2017, abgerufen am 10.08.2020.
12. Hallowell: „Your ADHD Brain is a Ferrari", https://www.drhallowell.com/your-adhd-brain-is-a-ferrari/, 1994-2020, abgerufen am 10.08.2020.
13. Klimczak: „Token als Verstärker, die Verhaltensänderungen mit Kindern mit Aufmerksamkeitsdefizit mit Hyperaktivität-Störungen ermöglichen", https://kstephenson.wordpress.com/2008/06/18/token-systeme-und-adhs/, 2008, abgerufen am 10.08.2020.
14. Aphorismen.de: „Titel", https://www.aphorismen.de/zitat/17838, 1997-2020, abgerufen am 10.08.2020.
15. Postbank: „So verändert die Digitalisierung das Leben", https://www.postbank.de/themenwelten/artikel_studie-so-veraendert-die-digitalisierung-unseren-alltag.html, 2019/2020, abgerufen am 10.08.2020.
16. Muldrew: „Understanding the 'YouTube rabbit hole'", https://medium.com/swlh/understanding-the-youtube-rabbit-hole-4d98e921eabe, 2019, abgerufen am 10.08.2020.

17. Schiller: „Ueber die ästhetische Erziehung des Menschen“, http://www.deutschestextarchiv.de/book/view/schiller_erziehung02_1795?p=38, 1795, abgerufen am 10.08.2020.
18. YouTube-Video: „6 hours study with me“, https://www.youtube.com/watch?v=kg4L8utkoXQ, 2018, abgerufen am 10.08.2020.
19. Lobdell: Study Less, Study Smart: How to Spend Less Time and Learn More Material, Selbstverlag, 1. Auflage 2015.
20. Unger: „Pomodoro-Technik: Das beste Rezept, um produktiv zu arbeiten“, https://www.impulse.de/management/selbstmanagement-erfolg/pomodoro-technik/7292581.html, 2019, abgerufen am 10.08.2020.
21. Krengel: „Den perfekten Lernplan erstellen: So lernst du flexibel, fokussiert und motivierter“, https://www.studienstrategie.de/lernen/lernplan/, abgerufen am 10.08.2020.
22. Märtin: „Gut ist besser als perfekt“. Die Kunst, sich das Leben leichter zu machen, dtv, 2009.
23. Deutscher Fussball-Bund: „Nach dem Spiel ist vor dem Spiel“, https://www.dfb.de/trainer/artikel/nach-dem-spiel-ist-vor-dem-spiel-2191/?no_cache=1, 2016, abgerufen am 10.08.2020.
24. Mollicone et al.: „Optimizing sleep/wake schedules in space: Sleep during chronic nocturnal sleep restriction with and without diurnal naps“ in: Acta Astronautica, 2007, Volume 60, Nr. 4-7, S. 354ff.
25. VARK: „Der VARK-Fragebogen. Wie lerne ich am besten?“, https://vark-learn.com/der-vark-fragebogen/, 2020, abgerufen am 10.08.2020.
26. goodreads: „Titel“, https://www.goodreads.com/quotes/460142-if-you-fail-to-plan-you-are-planning-to-fail, 2020, abgerufen am 10.08.2020.
27. Reichel: Busy is the new stupid: Wie du endlich mehr Zeit für das Wesentliche gewinnst, FinanzBuch Verlag, 2020, S. 74.
28. Wikipedia.org: „Frühwarnsystem“, https://de.wikipedia.org/wiki/Frühwarnsystem, 2020, abgerufen am 10.08.2020.

Dankeschön

An diesem Buch haben viele Menschen mitgewirkt. Sie haben mich unterstützt, ermutigt und mir geholfen, wenn ich keine Ideen oder Worte mehr hatte. Diesen besonderen Menschen möchte ich hier von ganzem Herzen danke sagen.

Meine Familie – danke, dass ihr mich immer unterstützt, ertragen und auch getragen habt. Danke, dass ihr mich nie aufgebt und mir liebevoll Tritte in den Hintern verpasst, wenn ich mich selbst nicht aufraffen kann!

Meine Freundinnen und Freunde – danke, dass ihr immer fest an meiner Seite steht und auch während des Entstehungsprozesses dieses Buches für mich da wart. Vielen Dank, dass ihr immer wieder nachgefragt habt und meine Abwesenheit bei vielen Treffen liebevoll akzeptiert habt.

Tim – danke, dass du mir bei der Fertigstellung dieses Buches geholfen und es auch noch verlegt hast. Ohne deinen Input, deine tatkräftige Unterstützung und die vielen Stunden deiner Arbeit hätte ich das nie geschafft!

Und vor allem danke an euch Leserinnen und Leser des Studienscheiss-Blogs. Danke für eure zahlreichen Klicks, Kommentare und Rückmeldungen, die mir gezeigt haben, dass wir ADHSler nicht allein sind. Es freut mich sehr, dass euch meine Texte helfen!

Sara Dörwald, Dezember 2024

Über die Autorin

Sara Dörwald, Jahrgang 1991, ist Autorin, arbeitet in einer Rehaklinik und hat selbst ADHS. Ihre Diagnose erhielt sie relativ spät, doch seitdem sie weiß, was mit ihr los ist, schreibt sie über ihr Leben mit ADHS und teilt ihre Erfahrungen. Warum sie das tut? Um anderen zu helfen. Sara möchte anderen ADHSlern Mut machen und ihnen zeigen, wie sie produktiv und glücklich mit ihrem ADHS leben können. Seit ihrem 13. Lebensjahr hat sie etliche Bücher auf Deutsch und Englisch zu den Themen Produktivität und Selbstorganisation gelesen und durchgearbeitet. Es hat lange gedauert, bis sie wusste, was ihr wirklich hilft – und was nicht. Diesen Weg möchte sie dir ersparen. Aus diesem Grund hat Sara dieses Buch geschrieben.

Die ersten Symptome ihres ADHS zeigten sich bereits im Kindergarten. Dort gab es sehr wenig Struktur, dafür aber viel Chaos, sodass sie hoffnungslos überfordert war. Ihre Eltern konnten das noch nicht richtig einordnen. Sie wussten nur, dass etwas nicht stimmte. In der Grundschulzeit häuften sich die Symptome. Jetzt gab es zwar Strukturen wie Unterrichtsstunden, Stundenpläne und wiederkehrende Abläufe – doch Sara hatte trotzdem noch Probleme. Sie konnte nicht stillsitzen, war unaufmerksam und sprunghaft. Ihre Materialien waren konstant chaotisch geführt, unvollständig oder verschwunden. In dieser Zeit vermutete ihre Mutter zum ersten Mal ADHS bei Sara. Diverse Kinderärzte nahmen diesen Verdacht jedoch nicht ernst.

Mit dem Wechsel aufs Gymnasium veränderte sich die Symptomatik. Die Hyperaktivität verlagerte sich zunehmend nach innen: Sara war Tagträumerin und Klassenclown, litt unter großen Anpassungsschwierigkeiten und hatte keine Freunde. Zudem entwickelten sich Einschlafschwierigkeiten, sodass sie oft müde und launisch war. Erneut stellten die Ärzte keine Diagnose – Sara sei „normal, gesund und lebendig". Irgendwann ignorierte sie ihre Hausaufgaben und lernte nicht für Klausuren. Nur dank ihrer mündlichen Mitarbeit hat sie ihr Abitur bestanden. Im Anschluss daran machte Sara eine Ausbildung als Fremdsprachenkorrespondentin und schloss diese mit sehr guten Noten ab. Zum ersten Mal hatte sie das Gefühl, etwas wirklich durchgezogen zu haben. Doch dann folgten mehrere Fehlschläge im Beruf. Schließlich begann sie ein Studium. In dieser Zeit sprach Sara das erste Mal selbst mit einem Neurologen über ihren ADHS-Verdacht – doch es folgte wieder keine entsprechende Diagnose. Schließlich wandte sie sich an eine Klinik, die auf ADHS und andere neurologische oder psychische Besonderheiten spezialisiert ist. Dort wurde eine professionelle Differenzialdiagnostik durchgeführt. Diagnose: schweres adultes ADHS. Seitdem beschäftigt Sara sich sehr intensiv mit ihrem Lebensgefährten ADHS und lernt konstant dazu. Inzwischen hat sie hunderte Texte in Büchern, Zeitschriften und Blogs über Produktivitätsmethoden, Konzentrationsübungen, Zeit- und Selbstmanagement gelesen und diese mit ihrem ADHS in Verbindung gesetzt. Im Lauf der Zeit hat sie auf diese Weise die richtigen Strategien für sich selbst gefunden, mit denen sie erfolgreich in ihrem Beruf ist.

Mit ihren Texten möchte Sara dieses Wissen gebündelt weitergeben. Sie möchte anderen ADHSlern eine Odyssee wie bei ihr ersparen und anderen Menschen zeigen, wie sie konzentriert mit ihrem ADHS arbeiten können. Nicht jedes ADHS stellt sich so dar wie bei Sara – doch sie ist sich sicher, dass die Strategien aus diesem Buch vielen ADHSlern weiterhelfen werden. Wenn du mehr über Sara, ihre Texte oder ihre Geschichte erfahren oder ihr ein Feedback zu ihrem Buch geben möchtest, schreib gerne eine Nachricht an kontakt@studienscheiss.de. Sara freut sich über jede E-Mail und antwortet auf jeden Fall persönlich.

Das ist Sara

Vergiss dein Bonusmaterial nicht:

www.studienscheiss.de/bonus-lernen-mit-adhs